Collection « Les Chemins de la Sagesse »
dirigée par Véronique Loiseleur

ÉTINCELLES D'ÉVEIL

ÉTINCELLES D'ÉVEIL

Réflexions au fil des jours
sur la vie et la mort

Sogyal Rinpoché

Avec les calligraphies originales de l'auteur

Traduction :
Gisèle Gaudebert et Marie-Claude Morel

La Table Ronde
7, rue Corneille, Paris 6e

Titre original : *Glimpse after Glimpse, Daily Reflections on Living and Dying.*

© *1995, by Sogyal Rinpoché. Publié avec l'accord de Harper San Francisco –*
a Division of HarperCollinsPublishers Inc.

© *Éditions de La Table Ronde, Paris, 1995, pour la traduction française.*
ISBN 2-7103-0696-4.

Je souhaite dédier cet ouvrage à Guru Rinpoché, le Bouddha de notre époque.

O Guru Rinpoché, Précieux Maître,
Vous êtes la personnification
De la compassion et des bénédictions de tous les Bouddhas,
L'unique protecteur des êtres.
Mon corps, mes possessions, mon cœur et mon âme,
Sans hésitation, je vous les abandonne,
A partir de cet instant, et jusqu'à ce que j'atteigne l'éveil,
Dans le bonheur ou la peine, les circonstances bonnes ou mau-
vaises, les situations élevées ou basses,
Je m'en remets complètement à vous, O Padmasambhava, vous
qui me connaissez :
Inspirez-moi, guidez-moi, unissez-moi à vous !

DZOGPACHENPO

1ᵉʳ *janvier*

Selon la sagesse du Bouddha, nous pouvons effectivement utiliser notre vie pour nous préparer à la mort. Point n'est besoin d'attendre la fin douloureuse d'un proche ou le choc d'une maladie incurable pour nous obliger à reconsidérer notre existence. Nous ne sommes pas non plus condamnés à partir les mains vides au moment de la mort pour affronter l'inconnu. Nous pouvons commencer, ici et maintenant, à découvrir un sens à notre vie. Nous pouvons faire de chaque instant l'occasion de changer et de nous préparer – de tout notre être, avec précision et l'esprit paisible – à la mort et à l'éternité.

2 janvier

Apprendre à méditer est le plus grand don que vous puissiez vous accorder dans cette vie. En effet, seule la méditation vous permettra de partir à la découverte de votre vraie nature et de trouver ainsi la stabilité et l'assurance nécessaires pour vivre bien, et mourir bien. La méditation est la route qui mène vers l'éveil.

3 janvier

Lorsque j'enseigne la méditation, je commence souvent par dire : « Ramenez votre esprit en lui-même... relâchez... et détendez-vous. »

Ramener votre esprit en lui-même signifie ramener l'esprit à l'état appelé : « demeurer paisiblement », grâce à la pratique de l'attention. Au niveau le plus profond, cela consiste à se tourner vers l'intérieur et à demeurer dans la nature de l'esprit. C'est la méditation à son plus haut degré.

Relâcher veut dire libérer l'esprit de la prison de la saisie dualiste. Vous reconnaissez en effet que toute douleur, toute peur et toute détresse proviennent du désir insatiable de l'esprit qui saisit. A un niveau plus profond, la réalisation et la confiance qui résultent de votre compréhension accrue de la nature de l'esprit inspirent en vous une grande générosité naturelle. Cette générosité permet à votre cœur d'abandonner toute saisie dualiste, laissant celle-ci se libérer et se dissoudre dans l'inspiration de la méditation.

Se détendre signifie devenir plus spacieux et permettre à l'esprit d'abandonner ses tensions. Sur un plan plus profond, vous vous détendez dans la nature véritable de votre esprit, l'état de Rigpa. C'est comme si vous laissiez tomber une poignée de sable sur une surface plane : chaque grain se dépose de lui-même. D'une façon similaire, vous vous détendez dans votre véritable nature, laissant toutes vos pensées et émotions décroître naturellement et se dissoudre dans l'état de la nature de l'esprit.

4 janvier

Combien d'entre nous sommes pris dans le tourbillon de ce que j'appelle aujourd'hui une « paresse active » ? Il existe, naturellement, différentes sortes de paresse : il y a la paresse à l'orientale, et celle à l'occidentale. La paresse à l'orientale consiste à flâner au soleil toute la journée, sans rien faire, à éviter toute forme de travail et toute activité utile, et à discuter avec des amis tout en buvant force tasses de thé.

La paresse à l'occidentale est tout à fait différente : elle consiste à remplir sa vie d'activités fébriles, si bien qu'il ne reste plus de temps pour affronter les vraies questions.

Si nous examinons notre vie, nous verrons clairement que nous accumulons, pour la remplir, un nombre considérable de tâches sans importance et quantité de prétendues « responsabilités ». Un maître compare cela à « faire le ménage en rêve ». Nous nous disons que nous voulons consacrer du temps aux choses importantes de la vie, mais ce temps, nous ne le *trouvons* jamais.

Impuissants, nous voyons nos journées se remplir de coups de téléphone, de projets insignifiants ; nous avons tant de responsabilités... Ne devrions-nous pas dire plutôt d'« irresponsabilités » ?

5 janvier

La perte et le deuil peuvent également constituer un rappel sévère de ce qui peut arriver si, dans la vie, vous n'exprimez pas votre amour et votre estime, ou si vous ne demandez pas le pardon. Vous devenez ainsi plus sensible à ceux de vos proches qui sont en vie.

Elisabeth Kübler-Ross soulignait : « Ce que j'essaie d'enseigner aux gens, c'est comment vivre de telle sorte qu'ils soient capables de dire ces choses pendant que l'autre peut encore les entendre. » Raymond Moody, après une vie consacrée à la recherche sur l'expérience de proximité de la mort, écrivait : « J'ai commencé à comprendre combien nous sommes tous proches de la mort dans notre vie quotidienne. Plus que jamais, maintenant, je prends soin que chaque personne que j'aime connaisse mes sentiments à son égard. »

6 janvier

Un moyen puissant d'éveiller la compassion est de considérer l'autre comme étant en tout point indentique à soi-
même. « Après tout, explique le Dalaï-Lama, tous les
êtres humains sont semblables, faits de chair, de sang et
d'os. Nous voulons tous le bonheur et voulons éviter la
souffrance. De plus, nous avons tous un droit égal au bonheur. En d'autres termes, il est important de réaliser qu'en
tant qu'êtres humains, nous sommes tous semblables. »

7 janvier

En dépit de tous nos discours sur la nécessité d'être pragmatique, le pragmatisme en Occident se résume en une vue à court terme marquée par l'ignorance et souvent l'égoïsme. Le regard déformé par la myopie, nous nous focalisons sur *cette* vie-ci à l'exclusion de toute autre, et c'est là la grande supercherie, la source du matérialisme lugubre et destructeur du monde moderne. Personne ne parle de la mort ou d'une vie après la mort, car on nous a inculqué l'idée que de tels propos ne feraient que contrarier le prétendu « progrès » du monde.

Si notre plus profond désir est véritablement de vivre et de continuer à vivre, pourquoi affirmer alors avec tant d'aveuglement que la mort est la fin ? Pourquoi ne pas au moins tenter d'explorer la possibilité d'une vie après la mort ? Si nous sommes aussi pragmatiques que nous prétendons l'être, pourquoi ne pas commencer à nous demander sérieusement où se trouve notre *véritable* avenir ? Après tout, nul ne vit plus de cent ans. Ensuite s'étend l'éternité tout entière, dont nous ne savons rien...

8 janvier

Selon la perspective du bouddhisme tibétain, nous pouvons diviser notre existence entière en quatre réalités qui sont en corrélation constante :

1. la vie ; 2. le processus de la mort et la mort elle-même ; 3. la période après la mort et 4. la renaissance.

On les appelle les quatre bardos :

1. le bardo naturel de cette vie,
2. le bardo douloureux du moment de la mort,
3. le bardo lumineux de la dharmata, et
4. le bardo karmique du devenir.

Les bardos constituent des occasions exceptionnelles de libération. En effet, les enseignements nous montrent que certains moments sont beaucoup plus puissants que d'autres ; ils sont porteurs d'un potentiel bien plus élevé où chacun de nos actes a des conséquences déterminantes et d'une grande ampleur.

Je comparerais le bardo à l'instant où l'on s'avance au bord d'un précipice ; un tel instant se produit, par exemple, lorsqu'un maître introduit un disciple à la nature essentielle, originelle et la plus secrète de son esprit. Toutefois, le plus puissant et le plus significatif de ces moments demeure celui de la mort.

9 janvier

Si vous y regardez de près, rien ne possède d'existence *intrinsèque*. C'est cette absence d'existence indépendante que nous appelons « vacuité ». Pensez à un arbre : vous aurez tendance à le percevoir en tant qu'objet clairement défini, ce qui est vrai à un certain niveau. Mais un examen attentif vous montrera qu'en fin de compte, il ne possède pas d'existence indépendante.

Si vous le contemplez, vous constaterez qu'il se dissout en un réseau extrêmement subtil de relations s'étendant à l'univers entier : la pluie qui tombe sur ses feuilles, le vent qui l'agite, le sol qui le nourrit et le fait vivre, les saisons et le temps, la lumière de la lune, des étoiles et du soleil – tout cela fait partie de l'arbre.

En poursuivant votre réflexion, vous découvrirez que tout dans l'univers contribue à faire de l'arbre ce qu'il est, qu'il ne peut à aucun moment être isolé du reste du monde et qu'à chaque instant, sa nature se modifie imperceptiblement. C'est ce que nous entendons lorsque nous disons que les choses sont vides, qu'elles n'ont pas d'existence indépendante.

10 janvier

Si un nombre beaucoup plus grand d'individus avaient connaissance de la nature de leur esprit, ils prendraient conscience de la beauté du monde dans lequel ils vivent et se battraient, courageusement et sans plus attendre, pour le préserver. Il est intéressant de souligner que « bouddhiste » se dit *nangpa* en tibétain, ce qui signifie « tourné vers l'intérieur », celui qui recherche la vérité non pas à l'extérieur mais au sein de la nature de l'esprit. Tout l'entraînement bouddhiste, tous ces enseignements n'ont qu'un seul but : se tourner vers la nature de l'esprit, et ainsi nous libérer de la peur de la mort et nous aider à réaliser la vérité de la vie.

11 janvier

Les maîtres de méditation bouddhistes savent à quel point l'esprit est souple et malléable. Si nous l'entraînons, tout est possible. En fait, nous sommes déjà parfaitement formés par et pour le samsara, formés à la jalousie, à l'attachement, à l'anxiété, à la tristesse, au désespoir et à l'avidité, formés à réagir avec colère à toute provocation. Nul besoin d'effort particulier pour générer en nous ces émotions négatives : nous y sommes si bien entraînés qu'elles s'élèvent spontanément.

Ainsi, tout dépend de notre entraînement et du pouvoir des habitudes. Consacrons notre esprit à la confusion : nous savons parfaitement – soyons honnêtes ! – qu'il deviendra un maître ténébreux de la confusion, expert à nous rendre dépendants, subtil et pervers dans son habileté à nous réduire en esclavage. Consacrons-le, dans la méditation, à la tâche de se libérer de l'illusion : avec le temps, la patience, la discipline et l'entraînement approprié, notre esprit graduellement se dénouera et connaîtra la félicité et la limpidité de sa vraie nature.

12 janvier

C'est avant tout parce que nous n'avons pas réalisé la vérité de l'impermanence que nous éprouvons tant d'angoisse devant la mort et tant de difficulté à la regarder en face.

A nos yeux, les changements sont toujours synonymes de perte et de souffrance. Lorsqu'ils surviennent, nous essayons simplement de nous anesthésier, autant que faire se peut. Nous nous obstinons à croire aveuglément, et sans nous poser de questions, que c'est la permanence qui procure la sécurité – et non l'impermanence. Mais, en fait, l'impermanence ressemble à certains individus que nous rencontrons dans la vie : de prime abord peu commodes et dérangeants, ils s'avèrent, au fur et à mesure que nous les connaissons mieux, bien plus aimables et moins irritants que nous ne l'aurions imaginé.

13 janvier

« Les êtres humains passent leur vie entière à se préparer, se préparer et encore se préparer... pour se retrouver non préparés lorsque arrive la prochaine vie. »

DRAKPA GYALTSEN.

14 janvier

A quoi ressemble la nature de l'esprit ? Imaginez un ciel, vide, spacieux, et pur depuis l'origine : telle est son *essence*. Imaginez un soleil, lumineux, sans voile et spontanément présent : telle est sa *nature*. Imaginez que ce soleil brille impartialement sur tout être et toute chose, rayonnant dans toutes les directions : telle est son *énergie*, manifestation de la compassion. Rien ne peut l'entraver, et elle pénètre toute chose.

15 janvier

« Une compassion sans effort peut s'élever pour tous les êtres qui n'ont pas réalisé leur vraie nature. Cette compassion est si illimitée que si les larmes pouvaient l'exprimer, on pleurerait sans fin. Non seulement la compassion, mais d'extraordinaires moyens habiles peuvent naître lorsqu'on réalise la nature de l'esprit. On est aussi libéré naturellement de toute souffrance et de toute peur, comme les peurs de la naissance, de la mort et de l'état intermédiaire. Pour décrire la félicité et la joie qui s'élèvent de cette réalisation, les bouddhas disent que si l'on devait recueillir et rassembler toute la gloire, le plaisir et le bonheur de ce monde, cela n'approcherait pas la plus infime partie de la félicité que l'on éprouve quand on réalise la nature de l'esprit. »

NYOSHUL KHEN RINPOCHÉ.

16 janvier

Tourner notre attention vers l'intérieur est loin d'être aisé. Nous sommes bien plus enclins à nous laisser dominer par nos vieilles habitudes et nos comportements solidement ancrés ! Bien qu'ils soient la cause de notre souffrance, nous les acceptons pourtant avec une résignation presque fataliste, tant nous sommes habitués à leur céder. *Nous pouvons faire de la liberté un idéal tout en demeurant totalement esclaves de nos habitudes.*

La réflexion peut, pourtant, nous amener lentement à la sagesse. Bien sûr, nous retomberons dans des schémas habituels de comportement encore maintes et maintes fois mais, peu à peu, nous *pourrons* en émerger et nous transformer.

17 janvier

Le terme tibétain pour désigner le corps est *lü*, ce qui signifie « ce qu'on laisse derrière soi », comme un bagage. Chaque fois que nous prononçons le mot *lü*, ce terme nous rappelle que nous ne sommes que des voyageurs, ayant trouvé un refuge temporaire dans cette vie et dans ce corps. Les Tibétains ne gaspillaient pas tout leur temps à essayer de rendre leurs conditions matérielles plus confortables. Ils s'estimaient satisfaits s'ils avaient assez à manger, des vêtements sur le dos et un toit sur leur tête.

L'obsession d'améliorer nos conditions matérielles, qui détermine notre comportement, peut devenir une fin en soi et une distraction dénuée de sens. Quelle personne sensée songerait à retapisser sa chambre d'hôtel chaque fois qu'elle en change ?

18 janvier

Le karma n'est pas une fatalité, il n'est pas prédéterminé. « Karma » désigne *notre* capacité à créer et à évoluer. Il est créateur parce que nous *pouvons* déterminer notre façon d'agir et la motivation qui l'anime. Nous *pouvons* changer. L'avenir est entre nos mains, il est dans notre cœur.

Le Bouddha disait :

> *Le karma crée toute chose, tel un artiste,*
> *Le karma compose, tel un danseur.*

19 janvier

En tibétain, nous appelons *Rigpa* la nature essentielle de l'esprit, conscience claire primordiale, pure, originelle, à la fois intelligence, discernement, rayonnement et éveil constant. Cette nature de l'esprit, son essence la plus profonde, n'est absolument jamais affectée par le changement ou par la mort. Pour le moment, elle demeure cachée à l'intérieur de notre propre esprit – notre *sem* – enveloppée et obscurcie par l'agitation mentale désordonnée de nos pensées et de nos émotions. De même que les nuages, chassés par une forte bourrasque, révèlent l'éclat du soleil et l'étendue dégagée du ciel, ainsi une inspiration, dans certaines circonstances particulières, peut-elle nous dévoiler des aperçus de la nature de l'esprit. Ces aperçus peuvent être d'intensité et de profondeur très différentes, mais de chacun émane une certaine lumière de compréhension, de sens et de liberté.

En effet, la nature de l'esprit est la source même de toute compréhension.

20 janvier

Notre esprit, qui peut être prodigieux, peut en même temps être notre pire ennemi, tant il est pour nous source d'ennuis. Je souhaiterais parfois que l'esprit soit comme un dentier que l'on ôterait et déposerait chaque soir à sa table de chevet. Au moins pourrait-on se reposer un peu de ses frasques ennuyeuses et fatigantes.

Nous sommes tellement à la merci de notre propre esprit que, même lorsque les enseignements spirituels font vibrer une corde en nous et nous touchent comme jamais auparavant, nous restons cependant en retrait, en raison de soupçons inexplicables, profondément enracinés.

Pourtant, à un moment donné du chemin, il nous faut bien renoncer à la méfiance. Nous devons abandonner la suspicion et le doute, qui sont supposés nous protéger mais s'avèrent toujours inefficaces et finissent seulement par nous causer plus de tort que ce dont ils étaient censés nous défendre.

21 janvier

Dans une méthode de méditation que beaucoup trouvent très utile, l'esprit se pose légèrement sur un objet. Ce peut être un objet dont la beauté naturelle vous inspire particulièrement, tels une fleur ou un cristal. Mais un support qui évoque pour vous la vérité, comme par exemple une image du Bouddha ou du Christ, ou plus particulièrement une photographie de votre maître, est encore *plus* puissant.

Le maître est votre lien vivant avec la vérité. En raison du lien personnel qui vous unit à lui, le simple fait de *regarder* son visage vous relie à l'inspiration et à la vérité de votre propre nature.

22 janvier

Imaginez une personne qui se réveille soudain à l'hôpital après un accident de la route, pour s'apercevoir qu'elle souffre d'une amnésie totale. Extérieurement, elle est la même : son apparence physique, son visage sont indemnes, ses sens et son esprit fonctionnent, mais elle n'a pas la moindre idée, ni le moindre souvenir, de qui elle est réellement.

De même, nous ne pouvons nous rappeler notre véritable identité, notre nature originelle. En proie à la frénésie et à une réelle terreur, nous nous mettons en quête d'une identité de remplacement ; nous nous en improvisons une, à laquelle nous nous accrochons avec tout le désespoir d'une personne qui tomberait continuellement dans un abîme. Cette fausse identité, adoptée par ignorance est l'« ego ».

23 janvier

On ne soulignera jamais assez que c'est *la vérité des enseignements* qui importe plus que tout, et en aucun cas la personnalité du maître. C'est pourquoi le Bouddha nous a rappelé, dans les *Quatre Objets de Confiance* :

Fiez-vous au message du maître, non à sa personnalité ;
Fiez-vous au sens, non aux mots seuls ;
Fiez-vous au sens ultime, non au sens relatif ;
Fiez-vous à votre esprit de sagesse, non à votre esprit ordinaire qui juge.

Il est important de se rappeler que le maître véritable *est* le porte-parole de la vérité ; il en est la « manifestation de sagesse » pleine de compassion. Tous les bouddhas, tous les maîtres et les prophètes sont des émanations de cette vérité, qui apparaissent sous d'innombrables aspects habiles et compatissants dans le dessein de nous ramener, par leur enseignement, à notre vraie nature.

Au départ il est plus important de découvrir et de suivre la vérité de l'enseignement que de découvrir le maître. En effet, c'est en développant un lien avec cette vérité que vous découvrirez votre lien vivant avec un maître.

Dans ma tradition, nous vénérons le maître pour sa bonté, qui est plus grande encore que celle des bouddhas eux-mêmes. Bien que la compassion et le pouvoir des bouddhas soient toujours présents, nos voiles nous empêchent de les rencontrer face à face. Par contre, nous *pouvons* rencontrer le maître. Il est là devant nous, vivant, respirant, parlant et agissant, afin de nous montrer, de toutes les manières possibles, le chemin des bouddhas : la voie de la libération.

Mes maîtres ont été pour moi l'incarnation vivante de la vérité, le signe indéniable que l'éveil est possible dans ce corps, dans cette vie, dans ce monde, même ici et maintenant. Ils ont été l'inspiration suprême de ma pratique, de mon œuvre, de ma vie et de mon cheminement vers la libération. Mes maîtres personnifient pour moi l'engagement sacré de garder l'éveil au premier plan de mon esprit tant que je ne l'aurai pas effectivement atteint. C'est alors, et alors seulement – j'ai suffisamment appris pour réaliser ceci aujourd'hui – que je parviendrai à une compréhension totale de leur nature véritable, de l'immensité de leur générosité, de leur amour et de leur sagesse.

25 janvier

Le désir empli de compassion d'atteindre l'éveil pour le bien de tous les êtres est appelé Bodhicitta. En sanscrit *bodhi* signifie notre essence éveillée et *citta* signifie le cœur. Nous pourrions ainsi le traduire par « le cœur de notre esprit éveillé ». Réveiller et développer le cœur de notre esprit d'éveil, c'est faire mûrir continuellement la graine de notre nature de bouddha ; cette graine qui, ultimement, lorsque notre pratique de la compassion sera devenue parfaite et inclura toute chose, s'épanouira majestueusement en la fleur de la bouddhéité. Ainsi la Bodhicitta est-elle l'origine, la source et la racine du chemin spirituel tout entier. C'est pourquoi, dans notre tradition, nous prions avec tant de ferveur :

Ceux qui n'ont pas encore donné naissance à la précieuse
*   Bodhicitta,*
Puissent-ils lui donner naissance.
Ceux qui lui ont donné naissance,
Puisse leur Bodhicitta ne pas faiblir
Mais croître toujours davantage.

Le but d'une réflexion sur la mort est de susciter un changement réel au plus profond de votre cœur. Cela exigera souvent une période de retraite et de contemplation profonde, qui seule pourra vous aider à ouvrir vraiment les yeux sur ce que vous faites de votre vie.

La contemplation de la mort fera naître en vous une compréhension plus profonde de ce que nous appelons le « renoncement », en tibétain *ngé jung. Ngé* signifie « vraiment » ou « définitivement » et *jung,* « sortir de », « émerger » ou « naître ». Par une réflexion fréquente et approfondie sur la mort, vous vous apercevrez que vous « émergez » de vos schémas habituels, souvent avec un sentiment de dégoût. Vous vous sentirez de plus en plus disposé à les abandonner et, finalement, vous serez capable de vous en dégager aussi facilement, disent les maîtres, « que l'on retire un cheveu d'une motte de beurre ».

27 janvier

Les tantras du Dzogchen, ces enseignements anciens d'où proviennent les instructions sur les bardos, parlent d'un oiseau mythique, le *garuda*, dont la croissance est déjà complètement achevée à la naissance. Cette image symbolise notre nature primordiale, qui est déjà totalement parfaite. Les plumes des ailes du poussin garuda sont pleinement développées à l'intérieur de l'œuf, mais il ne peut voler avant d'éclore. C'est seulement à l'instant où la coquille se brise qu'il parvient à en jaillir pour s'élancer vers le ciel. De la même façon, nous disent les maîtres, les qualités de la bouddhéité sont voilées par le corps physique ; dès que celui-ci est abandonné, elles se déploient dans tout leur éclat.

28 janvier

Le bouddhisme propose une vision toujours révolution-naire à ce jour, à savoir que *la vie et la mort existent dans l'esprit et nulle part ailleurs*. L'esprit est révélé en tant que base universelle de l'expérience. Il est le créateur du bonheur et le créateur de la souffrance, le créateur de ce que nous appelons la vie et de ce que nous appelons la mort.

29 janvier

Dudjom Rinpoché traversait la France en voiture en compagnie de son épouse, admirant le paysage le long de la route. Ils longèrent un grand cimetière qui venait d'être repeint et fleuri. L'épouse de Dudjom Rinpoché s'exclama : « Rinpoché, regarde comme tout est propre et net en Occident ! Même les lieux où ils mettent les morts sont impeccables ! En Orient, les maisons où habitent les gens sont loin d'être aussi propres !

– Ah oui ! c'est vrai, répondit-il. Ce pays est tellement civilisé ! Ils construisent des demeures merveilleuses pour leurs dépouilles mortelles. Mais as-tu remarqué qu'ils en construisent de tout aussi merveilleuses pour leurs dépouilles vivantes ? »

30 janvier

Si vous êtes assis en posture de méditation et que votre esprit n'est pas pleinement en harmonie avec votre corps – si vous êtes par exemple préoccupé ou angoissé –, vous éprouverez un malaise physique et les difficultés auront tendance à se manifester plus facilement. Par contre, un état d'esprit calme et inspiré influera grandement sur votre position et vous permettra de la maintenir plus naturellement et sans effort. C'est pourquoi il est essentiel de parvenir à une union entre l'attitude corporelle et la confiance née de la réalisation de la nature de l'esprit.

31 janvier

Qu'est-ce que la Vue ? Ce n'est ni plus ni moins que *voir* les choses telles qu'elles sont ; *savoir* que la nature véritable de l'esprit est la nature véritable de toute chose et *réaliser* que la nature véritable de notre esprit est la vérité absolue.

Dudjom Rinpoché disait : « La Vue est l'intelligence de la conscience claire nue au sein de laquelle tout est contenu : perceptions sensorielles et existence phénoménale, samsara et nirvana. Cette conscience claire a deux aspects : la vacuité en est l'aspect absolu, et les apparences ou les perceptions, l'aspect relatif. »

"A"

La syllabe qui représente la « vacuité »,
la nature « sans naissance » de la réalité.

1er *février*

Il y a plus de deux mille cinq cents ans, un homme qui avait recherché la vérité au cours de vies innombrables se rendit en un lieu tranquille du nord de l'Inde et s'assit sous un arbre. Animé d'une immense détermination, il fit le vœu de ne pas quitter ce lieu avant d'avoir trouvé la vérité.

Au crépuscule, dit-on, il triompha de toutes les forces obscures de l'illusion et le lendemain à la première heure, quand la planète Vénus apparut dans le ciel de l'aube, cet homme reçut la récompense de sa longue patience, de sa discipline et de sa concentration sans faille : il atteignit le but ultime de toute existence humaine, l'éveil.

En ce moment sacré, la terre elle-même frémit, comme « ivre de béatitude » et, nous disent les écritures, « nul ne fut irrité, malade ou triste en quelque lieu ; nul ne fit le mal, nul ne ressentit d'orgueil ; le monde fut en paix, comme s'il avait atteint la perfection totale ». Cet homme fut par la suite connu sous le nom de Bouddha.

2 février

L'attachement est la source de tous nos problèmes. L'impermanence étant pour nous synonyme d'angoisse, nous nous cramponnons aux choses avec l'énergie du désespoir, bien que tout soit pourtant voué au changement. L'idée de lâcher prise nous terrifie mais, en réalité, c'est le fait même de vivre qui nous terrifie car *apprendre à vivre, c'est apprendre à lâcher prise*. Telles sont la tragédie et l'ironie de notre lutte incessante en vue de nous emparer de toute chose : cela non seulement est impossible, mais engendre la souffrance même que nous cherchons à éviter.

L'intention qui nous pousse à la saisie n'est pas forcément mauvaise en soi. Il n'y a en effet rien de mal dans le désir d'être heureux, mais ce que nous cherchons à saisir est par nature insaisissable.

Les Tibétains ont coutume de dire qu'on ne peut laver deux fois la même main sale dans la même eau courante d'une rivière et que « peu importe avec quelle force on presse une poignée de sable, on n'en tirera jamais d'huile ».

3 février

Une vague à la surface de la mer, vue sous un certain angle, semble avoir une existence distincte, un début et une fin, une naissance et une mort. Perçue sous un autre angle, la vague n'existe pas réellement en elle-même, elle est seulement le comportement de l'eau, « vide » d'une identité séparée mais « pleine » d'eau. Si vous réfléchissez sérieusement à la vague, vous en venez à réaliser que c'est un phénomène qui a été rendu temporairement possible par le vent et l'eau, qui dépend d'un ensemble de circonstances en constante fluctuation. Vous vous apercevez également que chaque vague est reliée à toutes les autres.

4 février

Ce que nous avons fait de notre vie détermine ce que nous serons au moment de notre mort. Et tout, absolument tout, compte.

5 février

Qu'est-ce que la méditation dans le Dzogchen ? C'est simplement demeurer non distrait dans la Vue, une fois que celle-ci a été introduite.

Dudjom Rinpoché la décrit ainsi : « La méditation consiste à rester attentif à cet état de Rigpa, libre de toute construction mentale, tout en demeurant pleinement détendu, sans distraction ni saisie aucune. Car il est dit : "La méditation n'est pas un effort, mais une assimilation naturelle et progressive." »

6 février

Les cellules de notre corps meurent, les neurones de notre cerveau se détériorent ; et même l'expression de notre visage se modifie sans cesse, au gré de nos humeurs. Ce que nous considérons comme notre caractère fondamental n'est rien de plus qu'un « courant de pensée ». Aujourd'hui, la vie nous semble belle car tout va bien ; demain, ce sera le contraire. Où sera passé notre bel optimisme ?

Qu'y a-t-il de plus imprévisible que nos pensées et nos émotions ? Avez-vous la moindre idée de ce que vous allez penser ou ressentir dans un instant ? Notre esprit, en réalité, est aussi vide, aussi impermanent et aussi transitoire qu'un rêve. Observez une pensée ; elle vient, elle demeure et s'en va. Le passé est passé, le futur ne s'est pas encore manifesté et la pensée actuelle, au moment où nous en faisons l'expérience, se mue déjà en passé.

En réalité, seul l'instant présent, le « maintenant », nous appartient.

7 février

La Nature Essentielle de l'Esprit

Aucun mot ne peut la décrire
Aucun exemple ne peut la désigner
La samsara ne peut la dégrader
Le nirvana ne peut l'améliorer
Elle n'est jamais née
Elle n'a jamais cessé
Elle n'a jamais été libérée
Elle n'a jamais été victime de l'illusion
Elle n'a jamais existé
Elle n'a jamais été inexistante
Elle ne connaît aucune limite
On ne peut la ranger dans aucune catégorie.

DUDJOM RINPOCHÉ.

8 février

« Un être humain fait partie d'un tout que nous appelons "l'Univers" ; il demeure limité dans le temps et dans l'espace. Il fait l'expérience de son être, de ses pensées et de ses sensations comme étant séparés du reste – une sorte d'illusion d'optique de sa conscience. Cette illusion est pour nous une prison, nous restreignant à nos désirs personnels et à une affection réservée à nos proches. Notre tâche est de nous libérer de cette prison en élargissant le cercle de notre compassion afin qu'il embrasse tous les êtres vivants, et la nature entière, dans sa splendeur. »

ALBERT EINSTEIN.

9 février

Le doute exige de notre part une grande habileté. J'ai remarqué que très peu de gens savaient tirer parti des doutes et les mettre à profit. Telle est l'ironie d'une civilisation qui glorifie le pouvoir de la critique et du doute : il ne s'y trouve quasiment personne pour avoir le courage de critiquer les affirmations mêmes du doute, de faire ce que recommandait un maître hindou : lâcher les chiens du doute sur le doute lui-même, démasquer le cynisme et découvrir la peur, le désespoir et le conditionnement éculé qui lui ont donné naissance. Le doute, ensuite, ne sera plus un obstacle mais une voie d'accès à la réalisation, et le chercheur de vérité accueillera chaque manifestation du doute comme une occasion d'approfondir cette vérité.

L'ego se définit par l'absence d'une connaissance véritable de ce que nous sommes réellement, et par la conséquence même de cette ignorance : la tentative, vouée à
l'échec, de nous raccrocher désespérément à une image
de nous-mêmes fabriquée de toutes pièces, une image
de fortune, un moi inévitablement charlatan et caméléon,
contraint de changer sans cesse pour garder vivante la
fiction de son existence.

En tibétain, l'ego est appelé *dak dzin*, ce qui signifie
« s'accrocher à un moi ». L'ego est donc défini comme
les mouvements incessants d'attachement à une notion
illusoire du « je » et du « mien », du soi et de l'autre, ainsi
qu'à l'ensemble des concepts, idées, désirs et activités
qui entretiennent cette structure fictive.

Un tel attachement est vain dès le départ et nous
condamne à la frustration, car il ne repose sur aucune base
ni aucune vérité, et ce que nous essayons de saisir est,
de par sa nature même, insaisissable. Le fait que nous
éprouvions le besoin de nous rattacher ainsi aux choses,
et que nous continuions à le faire avec une ténacité jamais
démentie, indique que nous savons, au plus profond de
nous, que le moi n'a pas d'existence intrinsèque. C'est
ce savoir obscur et obsédant qui est à la source de toutes
nos peurs et de notre insécurité fondamentale.

11 février

Votre compassion pourra peut-être offrir au mourant trois bienfaits essentiels. D'abord, parce que votre cœur s'est ouvert, il vous sera plus facile de lui témoigner cet amour inconditionnel dont il a tant besoin.

Ensuite, au plan plus profond de la spiritualité, j'ai remarqué maintes fois que, si vous laissez la compassion s'incarner en vous et motiver toutes vos actions, l'atmosphère ainsi créée pourra suggérer à la personne l'existence d'une dimension spirituelle et peut-être même l'inciter à s'engager dans une pratique.

Enfin, au niveau le plus profond, si vous pratiquez constamment la compassion pour le mourant et l'inspirez en retour à faire de même, il se peut que vous l'aidiez ainsi à guérir non seulement spirituellement mais aussi physiquement. Avec émerveillement, vous découvrirez alors par vous-même ce que tous les maîtres spirituels savent : *le pouvoir de la compassion ne connaît pas de limites.*

12 février

Un maître Zen avait un étudiant fidèle mais très naïf qui le considérait comme un bouddha vivant. Un jour, le maître s'assit malencontreusement sur une aiguille. « Aïe ! » s'écria-t-il, faisant un bond. Sur-le-champ, l'étudiant perdit toute foi en son maître et le quitta, disant combien il était déçu d'avoir découvert que celui-ci n'était pas pleinement éveillé. S'il l'avait été, pensait-il, comment aurait-il pu bondir et crier de la sorte ? Le maître fut attristé en apprenant que son étudiant était parti : « Hélas, dit-il, le pauvre ! Si seulement il avait pu savoir qu'en réalité ni moi ni l'aiguille ni le cri n'existaient véritablement ! »

13 février

Prenez exemple sur une vieille vache :
Elle est satisfaite de dormir dans une étable.
Vous devez dormir, manger et faire vos besoins
C'est inévitable –
Au-delà, cela ne vous regarde pas.
Faites ce que vous avez à faire
Et tenez-vous à l'écart.

PATRUL RINPOCHÉ.
(*Mudra*, Chögyam
Trungpa, Shambhala,
Berkeley and
London, 1972.)

De toutes les pratiques que je connais, celle de *Tonglen* – qui signifie en tibétain « donner et recevoir » – s'avère l'une des plus utiles et des plus puissantes. Si vous vous sentez emprisonné en vous-même, Tonglen vous ouvre à la vérité de la souffrance de l'autre. Si votre cœur est fermé, cette pratique détruit les résistances qui l'empêchent de s'ouvrir. Et si vous vous sentez étranger en présence de la personne souffrante, en proie à l'amertume et au désespoir, Tonglen vous aide à trouver en vous, puis à manifester, le rayonnement vaste et plein d'amour de votre nature véritable. Je ne connais pas de pratique plus efficace pour détruire la fixation égocentrique, l'amour de soi immodéré et l'auto-absorption de l'ego, qui sont la racine de toute notre souffrance et de toute notre dureté de cœur.

Pour l'expliquer très simplement, la pratique de Tonglen – donner et recevoir – consiste à prendre sur soi la douleur et la souffrance des autres, et à leur donner votre bonheur, votre bien-être et la paix de votre esprit.

15 février

De par ma propre expérience, je sais combien il est difficile d'imaginer que l'on prend sur soi la souffrance des autres, et particulièrement celle des malades ou des mourants, sans avoir au préalable établi en soi la force et l'assurance de la compassion. Ce sont cette force et cette assurance qui donneront à votre pratique le pouvoir de transmuter la souffrance d'autrui.

C'est pourquoi je recommande toujours de pratiquer Tonglen pour vous-même avant de le pratiquer pour autrui. Avant de diriger vers les autres votre amour et votre compassion, découvrez-les, approfondissez-les, créez-les et renforcez-les en vous-même. Guérissez-vous de toute réticence, détresse, colère ou peur qui pourraient vous empêcher de pratiquer Tonglen de tout votre cœur.

16 février

La raison d'être, l'intérêt et le but tout entiers de la méditation sont d'intégrer celle-ci dans l'action. La violence et les tensions, les défis et les distractions de la vie moderne rendent cette intégration d'autant plus urgente et nécessaire.

Comment parvenir à cette intégration, que faire pour imprégner notre vie quotidienne de l'humour tranquille et du détachement spacieux de la méditation ? Rien ne peut remplacer la pratique régulière. En effet, c'est seulement par une pratique véritable que nous pourrons savourer sans interruption le calme de la nature de notre esprit, et en prolonger l'expérience dans notre vie de tous les jours.

Et si vous souhaitez réellement l'accomplir, vous ne pourrez vous contenter de considérer la pratique comme un simple remède ou une thérapie occasionnelle ; elle devra devenir votre nourriture quotidienne.

17 février

Lorsqu'on suit les enseignements et que l'on pratique, il est inévitable de voir se dessiner nettement certaines vérités nous concernant. Ce sont ces endroits où nous nous enlisons constamment : nos schémas et nos comportements habituels qui sont l'héritage de notre karma négatif et que nous renforçons en les répétant sans cesse ; notre façon personnelle de voir les choses, nos justifications éculées sur nous-mêmes et sur le monde qui nous entoure, complètement erronées mais auxquelles nous nous cramponnons néanmoins comme si elles étaient authentiques, faussant ainsi toute notre vision de la réalité.

Quand nous persévérons sur le chemin spirituel en nous observant honnêtement, il apparaît de plus en plus clairement que nos perceptions ne sont qu'un tissu d'illusions. Cependant, le simple fait de reconnaître notre confusion, même si nous ne pouvons l'accepter totalement, peut faire briller une certaine lumière de compréhension et enclencher en nous un processus nouveau, un processus de guérison.

Nous possédons tous le karma qui nous permet d'entreprendre un chemin spirituel ou autre, et c'est du fond du cœur que je vous encourage à suivre en toute sincérité le chemin qui vous inspire le plus.

Si vous passez tout votre temps à chercher, la recherche elle-même devient une obsession et vous asservit. Vous devenez un touriste spirituel, vous affairant sans cesse, sans jamais arriver nulle part. Comme le disait Patrul Rinpoché : « Vous laissez votre éléphant à la maison et cherchez ses empreintes dans la forêt. » Suivre un enseignement unique n'a pas pour but de vous limiter ou de vous accaparer jalousement. C'est un moyen pratique et plein de compassion pour vous permettre de rester centré et de ne pas vous égarer hors du chemin, en dépit de tous les obstacles qui se présenteront inévitablement en vous-même et dans le monde.

19 février

Au moment de la mort, deux choses comptent : ce que nous avons fait dans notre vie, et l'état d'esprit dans lequel nous nous trouvons à cet instant précis. Même lorsque nous avons accumulé un karma négatif important, si nous parvenons vraiment à modifier notre attitude en profondeur, lors de nos derniers instants, cela peut influer de façon décisive sur notre avenir et transformer notre karma. Le moment de la mort, en effet, offre une occasion exceptionnellement puissante de purifier ce karma.

Une technique de méditation largement utilisée dans le bouddhisme tibétain consiste à unir l'esprit au son d'un *mantra*. La définition du mantra est « ce qui protège l'esprit ». Cela qui protège l'esprit de la négativité, ou encore cela qui vous protège de votre propre esprit est appelé mantra.

Quand vous vous sentez agité, désorienté, ou dans un état de fragilité émotionnelle, réciter ou chanter un mantra de façon inspirante peut modifier complètement votre état d'esprit, en transformant son énergie et son atmosphère. Comment cela est-il possible ? Le mantra est l'essence du son, et l'expression de la vérité sous forme de son. Chaque syllabe est imprégnée de puissance spirituelle ; elle est la cristallisation d'une vérité spirituelle et vibre de la grâce de la parole des bouddhas. On dit aussi que l'esprit chevauche l'énergie subtile du souffle, le prana, qui emprunte les canaux subtils du corps et les purifie. Quand vous récitez un mantra, vous chargez votre souffle et votre énergie de l'énergie même du mantra, ce qui influe directement sur votre esprit et votre corps subtil.

21 février

Le mantra que je recommande à mes étudiants est :

OM AH HUM VAJRA GURU PADMA SIDDHI HUM

(que les Tibétains prononcent Om Ah Houng Benza Gou-
rou Péma Siddhi Houng). C'est le mantra de Padmasambhava, le mantra de tous les bouddhas, de tous les maîtres
et de tous les êtres réalisés. A notre époque violente et
chaotique, ce mantra possède une puissance de paix et
de guérison, de transformation et de protection incomparable.

Récitez-le doucement, avec une attention profonde,
et laissez votre souffle, le mantra et votre conscience, graduellement, ne faire qu'un. Ou bien chantez-le avec inspiration et détendez-vous dans le profond silence qui
s'ensuit parfois.

22 février

Pourquoi vivons-nous dans une telle terreur de la mort ? Sans doute la raison la plus profonde de notre peur de la mort est-elle que nous ne savons pas qui nous sommes. Nous croyons en une identité personnelle, unique et distincte ; pourtant, si nous avons le courage de l'examiner de près, nous nous apercevrons que cette identité est entièrement dépendante d'une liste interminable de données, telles que notre nom, l'histoire de notre vie, nos compagnons, notre famille, notre foyer, notre travail, nos amis, nos cartes de crédit... C'est sur leur soutien fragile et éphémère que nous nous reposons pour assurer notre sécurité. Mais lorsque tout ceci nous sera enlevé, aurons-nous alors la moindre idée de qui nous sommes vraiment ?

Nous vivons sous une identité d'emprunt, dans un monde névrotique de conte de fées qui n'a pas plus de réalité que la tortue fantaisie d'*Alice au Pays des Merveilles*. Grisés par l'ivresse de construire, nous avons bâti la demeure de notre existence sur du sable.

Ce monde peut sembler merveilleusement convaincant, jusqu'au moment où la mort fait s'écrouler l'illusion et nous expulse de notre cachette. Que nous arrivera-t-il à ce moment-là, si nous n'avons aucune idée de l'existence d'une réalité plus profonde ?

23 février

Tout ce que nous voyons autour de nous est perçu ainsi parce que, vie après vie, nous avons continuellement, et toujours de la même manière, solidifié notre expérience des réalités intérieure et extérieure. Cela nous a conduits à la présomption erronée que ce que nous voyons est objectivement réel. En fait, à mesure que nous progressons sur le chemin spirituel, nous apprenons à travailler directement sur nos perceptions figées. Toutes nos vieilles conceptions du monde, de la matière ou de nous-mêmes sont purifiées et se dissolvent. Un champ de vision et de perception entièrement nouveau, que l'on pourrait appeler « céleste », se déploie. William Blake écrivait :

Si les portes de la perception étaient purifiées,
Toute chose apparaîtrait... telle qu'elle est, infinie.

24 février

Le Bouddha a dit que de tous les bouddhas parvenus à l'éveil, pas un seul ne l'atteint sans faire confiance à un maître. De même, il a dit : « C'est par la dévotion, et par la dévotion seule, que vous réaliserez la vérité absolue. »

Ainsi est-il essentiel de savoir ce qu'est la dévotion réelle. Il ne s'agit pas d'une adoration béate, ni d'une abdication de votre responsabilité envers vous-même, pas plus que d'une soumission aveugle à la personnalité ou aux lubies d'une autre personne. La dévotion véritable est une réceptivité ininterrompue à la vérité. La dévotion véritable est enracinée dans une gratitude emplie de respect et de vénération, mais qui n'en demeure pas moins lucide, fondée et intelligente.

25 février

« En tant que bouddhiste, j'envisage la mort comme un processus normal, une réalité que j'accepte, aussi longtemps que je demeure dans cette existence terrestre. Sachant que je ne peux y échapper, je ne vois aucune raison de m'inquiéter à son sujet. La mort est, à mes yeux, plutôt un changement de vêtements vieux et usagés, qu'une véritable fin. Cependant, la mort est imprévisible : nous ne savons ni quand ni comment elle surviendra. Il semble donc raisonnable de prendre certaines précautions avant qu'elle ne se produise de fait. »

LE DALAÏ-LAMA.

26 février

Il est dit dans les enseignements Dzogchen que *votre Vue et votre posture* devraient être comme une montagne.

Votre Vue est la totalité de votre compréhension de la nature de l'esprit, et c'est cela que vous apportez à votre méditation. Ainsi, la Vue se traduit par la posture en même temps qu'elle l'inspire, exprimant le cœur même de votre être dans votre position assise.

Soyez assis avec toute la majesté inaltérable et inébranlable de la montagne. La montagne est complètement détendue et bien établie sur ses bases, quelle que soit la violence des vents qui l'assaillent ou l'épaisseur des nuages sombres qui tourbillonnent à son sommet.

Assis comme une montagne, laissez votre esprit s'élever, prendre son essor et planer dans le ciel.

27 février

Posez-vous ces deux questions : est-ce que je me souviens, à chaque instant, que je suis en train de mourir
ainsi que toute personne et toute chose, et est-ce que
je traite en conséquence tous les êtres, à tout moment,
avec compassion ? Ma compréhension de la mort et de
l'impermanence est-elle devenue si vive et si aiguë que
je consacre chaque seconde de mon existence à la poursuite de l'éveil ? Si vous pouvez répondre par l'affirma-
tive à ces deux questions, alors *oui*, vous avez *réellement*
compris l'impermanence.

Tout le but de la pratique de la méditation dans le Dzog-chen est de renforcer et de stabiliser Rigpa, et de lui permettre d'atteindre sa pleine maturité. L'esprit ordinaire, avec ses habitudes et ses projections, est extrêmement puissant. Il revient à la charge constamment et reprend aisément ses droits sur nous dans les moments d'inattention ou de distraction.

Dudjom Rinpoché avait coutume de dire : « A présent, notre Rigpa est comme un nouveau-né abandonné sur le champ de bataille des pensées tumultueuses. » J'aime à dire qu'il nous faut commencer par « baby-sitter » notre Rigpa dans l'environnement sécurisant de la méditation.

RIGPA

*La pure conscience claire primordiale,
nature essentielle la plus secrète de l'esprit.*

1er *mars*

La pratique de l'attention dissout et élimine en nous le mal et la dureté, dévoilant et révélant ainsi notre Bon Cœur fondamental. Alors seulement commencerons-nous à être véritablement utiles à autrui. En supprimant graduellement en nous toute dureté et agressivité grâce à la pratique, nous permettrons à notre Bon Cœur authentique, à cette bonté fondamentale – notre vraie nature – de resplendir et de créer l'environnement chaleureux au sein duquel s'épanouira notre être véritable.

C'est pourquoi je qualifie la méditation de vraie pratique de paix, de non-agression et de non-violence – le désarmement réel et suprême.

2 mars

Quelles que soient les pensées et les émotions qui se manifestent, laissez-les donc s'élever puis se retirer, telles les vagues de l'océan. Permettez-leur d'émerger et de s'apaiser, sans contrainte aucune. Ne vous attachez pas à elles, ne les alimentez pas, ne vous y complaisez pas, n'essayez pas de les solidifier. Ne poursuivez pas vos pensées, ne les sollicitez pas non plus. Soyez semblable à l'océan contemplant ses propres vagues ou au ciel observant les nuages qui le traversent.

Vous vous apercevrez vite que les pensées sont comme le vent : elles viennent puis s'en vont. Le secret n'est pas de « penser » aux pensées, mais de les laisser traverser votre esprit, tout en gardant celui-ci libre de commentaire mental.

3 mars

« J'ai maintenant soixante-dix-huit ans et j'ai vu bien des choses dans ma vie.

« Tant de jeunes gens sont morts, tant de personnes de mon âge et tant de vieilles gens sont mortes aussi. Tant d'individus haut placés sont tombés très bas ; tant d'autres qui se trouvaient au bas de l'échelle se sont élevés. Tant de pays ont changé. Il y a eu tant de troubles et de tragédies, tant de guerres, tant de fléaux, tant d'effroyables destructions partout dans le monde.

« Pourtant, tous ces changements n'ont pas plus de réalité qu'un rêve. Si vous regardez au fond des choses, vous comprendrez qu'il n'existe rien qui soit permanent ou constant ; rien, pas même le poil le plus ténu de votre corps. Et cela n'est pas une théorie, mais quelque chose que vous pouvez réellement parvenir à savoir et à réaliser, et même à voir de vos propres yeux. »

DILGO KHYENTSÉ RINPOCHÉ.

4 mars

Le Bouddha était assis sur le sol, serein, digne et humble à la fois ; le ciel était au-dessus de lui et autour de lui, comme pour nous montrer qu'en méditation, nous sommes assis avec une attitude d'esprit ouverte et semblable au ciel, tout en restant présent à nous-même et en étroit contact avec la terre. Le ciel est notre nature absolue, sans entraves ni limites, et le sol notre réalité, notre condition relative, ordinaire.

La posture que nous adoptons quand nous méditons signifie que nous relions l'absolu et le relatif, le ciel et la terre, comme les deux ailes d'un oiseau, intégrant le ciel de la nature immortelle de l'esprit et le sol de notre nature mortelle et transitoire.

5 mars

Quiconque jette un regard lucide sur la vie reconnaîtra que nous vivons dans un état constant d'expectative et d'ambiguïté. Notre esprit oscille perpétuellement entre confusion et clarté. Si seulement nous étions toujours dans la confusion, cela nous donnerait au moins un semblant de clarté. Mais ce qui est déconcertant à propos de la vie est qu'en dépit de toute notre confusion, nous pouvons aussi vraiment faire preuve de sagesse !

Cette incertitude permanente peut donner l'impression que tout est morne et sans espoir. Pourtant, un examen minutieux montre que celle-ci, de par sa nature même, crée des intervalles, des espaces au sein desquels s'offrent sans cesse à nous des occasions profondes de transformation – à condition, toutefois, que nous sachions les percevoir comme telles et les saisir.

6 mars

Cette nature de l'esprit constitue l'arrière-plan de l'ensemble de la vie et de la mort, de la même manière que le ciel embrasse l'univers tout entier.

7 mars

Lorsque nous mourons, nous laissons tout derrière nous, en particulier ce corps qui nous a été si cher, sur lequel nous avons compté si aveuglément et que nous nous sommes tant efforcés de maintenir en vie. Nous ne pouvons, cependant, faire davantage confiance à notre esprit. Si vous l'observez quelques instants seulement, vous constaterez qu'il ressemble à une puce, sautant sans cesse de-ci de-là. Vous remarquerez que des pensées s'élèvent sans raison, sans le moindre rapport entre elles. Emportés par le chaos de chaque instant, nous sommes victimes de l'inconstance de notre esprit. Si nous ne connaissons que cet état de conscience, nous fier à notre seul esprit au moment de la mort est un pari absurde.

8 mars

Dans son tout premier enseignement, le Bouddha expliqua que la cause racine de la souffrance est l'ignorance. Mais où se trouve exactement cette ignorance ? Et comment se manifeste-t-elle ? Prenons un exemple de la vie quotidienne : pensez à ces gens, nous en connaissons tous, qui sont dotés d'une intelligence remarquable et sophistiquée. N'est-il pas surprenant de constater qu'au lieu de les aider, comme on pourrait s'y attendre, elle semble simplement les faire souffrir davantage, presque comme si cette brillante intelligence était en fait directement responsable de leur souffrance ?

Ce qui se produit est tout à fait clair : cette intelligence qui est la nôtre est capturée et gardée en otage par l'ignorance, qui l'utilise ensuite librement à ses propres fins. C'est ainsi que l'on peut être à la fois extraordinairement intelligent et en même temps complètement dans l'erreur.

9 mars

Il nous arrive parfois d'avoir certains aperçus fugitifs de la nature de l'esprit. Ceux-ci peuvent être inspirés par une œuvre musicale qui nous émeut, par le bonheur serein que nous éprouvons par moments dans la nature, ou même dans les circonstances quotidiennes les plus ordinaires. Ils peuvent simplement survenir au spectacle de la neige tombant doucement, du soleil se levant derrière une montagne ou devant le jeu mystérieusement captivant d'un trait de lumière filtrant à l'intérieur d'une pièce. De tels moments de grâce, de paix et de béatitude s'offrent à chacun de nous et, étrangement, demeurent en nous.

Je pense qu'il nous arrive d'avoir une compréhension partielle de ces aperçus, mais la culture moderne ne nous fournit aucun contexte ni aucune structure qui pourrait nous aider à en pénétrer le sens. Pis encore, nous ne sommes pas encouragés à les examiner en profondeur et à en découvrir la source mais plutôt – et ceci de manière explicite aussi bien qu'implicite – à les chasser de notre esprit. Nous savons que personne ne nous prendra au sérieux si nous essayons de partager ces expériences. Nous décidons alors de les ignorer. Pourtant, si seulement nous les comprenions, elles pourraient se révéler les plus significatives de notre vie. Cette ignorance et cette répression de *notre identité véritable* représentent peut-être l'aspect le plus sombre et le plus troublant de notre civilisation moderne.

10 mars

Sachez que toutes choses sont ainsi :
Un mirage, un château de nuages,
Un rêve, une apparition,
Sans réalité essentielle ; pourtant leurs qualités peuvent être
    perçues.

Sachez que toutes choses sont ainsi :
Comme la lune dans un ciel clair
Reflétée dans un lac transparent ;
Pourtant, jamais la lune n'est venue jusqu'au lac.

Sachez que toutes choses sont ainsi :
Comme un écho issu
De la musique, de sons, de pleurs ;
Pourtant dans cet écho, nulle mélodie.

Sachez que toutes choses sont ainsi :
Comme un magicien nous donne l'illusion
De chevaux, de bœufs, de charrettes et d'autres objets ;
Rien n'est tel qu'il apparaît.

LE BOUDDHA.

La compassion constitue la meilleure des protections. Elle est aussi, comme les grands maîtres du passé l'ont toujours su, la source de toute guérison. Supposez que vous soyez atteint d'une maladie telle que le cancer ou le sida. Si, en plus de votre propre douleur, et l'esprit empli de compassion, vous prenez sur vous la souffrance de ceux qui partagent le même sort, vous purifierez – sans aucun doute possible – le karma négatif du passé, cause de la continuation de votre souffrance dans le présent et dans l'avenir.

Il y eut au Tibet de nombreux cas extraordinaires de personnes qui, ayant appris qu'elles étaient atteintes d'une maladie incurable, abandonnaient tous leurs biens et partaient au cimetière pour y mourir. Là, elles se consacraient à cette pratique qui consiste à prendre sur soi la souffrance d'autrui. Et ce qui est remarquable, c'est qu'au lieu de mourir, ces personnes revenaient chez elles entièrement guéries.

12 mars

Il se peut que le résultat de nos actions ne soit pas encore arrivé à maturité ; il mûrira cependant, immanquablement, quand les conditions seront propices. Nous oublions généralement ce que nous avons fait et ce n'est que bien plus tard que les résultats nous atteignent. Nous sommes alors incapables de les relier à leurs causes. « Imaginez un aigle, nous dit Jigmé Lingpa. Il vole haut dans le ciel et ne projette aucune ombre : rien ne laisse soupçonner sa présence. Soudain, il aperçoit sa proie et fond sur l'animal ; ce n'est qu'au moment où il plonge vers le sol que son ombre apparaît, menaçante. »

13 mars

L'entraînement préliminaire que constituent la pratique de la méditation et la purification amène à maturité le cœur et l'esprit du disciple et les ouvre à la compréhension directe de la vérité.

Lors de l'instant intense de l'introduction, le maître peut ainsi directement communiquer sa réalisation de la nature de l'esprit – ce que nous appelons « son esprit de sagesse » – à l'esprit de l'étudiant, désormais authentiquement réceptif.

Le maître ne fait rien de moins qu'introduire l'étudiant à ce qu'est réellement le Bouddha ; il ouvre son esprit à la présence intérieure vivante de l'éveil. Au cours de cette expérience, le Bouddha, la nature de l'esprit et l'esprit de sagesse du maître fusionnent et se révèlent un. L'étudiant reconnaît alors, dans une explosion de gratitude et sans aucun doute possible, qu'il n'y a pas, qu'il n'y a jamais eu et qu'il n'y aura jamais de séparation entre lui-même et le maître, entre l'esprit de sagesse du maître et la nature de son propre esprit.

14 mars

La nature de toute chose est illusoire et éphémère,
Les êtres à la perception dualiste prennent la souffrance pour
  le bonheur,
Semblables à un homme léchant du miel sur le fil d'un rasoir.
O combien pitoyables, ceux qui s'accrochent si fort à la réalité
  concrète :
Amis de mon cœur, tournez plutôt votre attention vers l'intérieur.

NYOSHUL KHEN RINPOCHÉ.

15 mars

En cette nuit décisive où le Bouddha atteignit l'éveil, il y parvint, dit-on, en plusieurs étapes. Dans la première, son esprit étant « recueilli et purifié, immaculé, libre de toute imperfection, souple, malléable, stable et inébranlable », il tourna son attention vers le souvenir de ses vies passées. Voici ce qu'il nous dit de cette expérience :

> « Je me souvins de multiples existences antérieures : une naissance, deux naissances, trois, quatre, cinq... cinquante, cent... cent mille, dans diverses ères cosmiques. Rien ne m'était inconnu ; le lieu de naissance, le nom qui fut le mien, la famille dans laquelle je naquis et ce que j'accomplis. Je revécus les circonstances favorables et défavorables de chaque vie, ainsi que chaque mort. Je renaquis un nombre incalculable de fois. Je me souvins ainsi d'innombrables existences antérieures avec leurs caractéristiques précises et les circonstances particulières qui furent les leurs. C'est au cours de la première veille de la nuit que me vint cette connaissance. »

16 mars

Des vies entières d'ignorance nous ont conduits à identifier la totalité de notre être à l'ego. Le plus grand triomphe de celui-ci est de nous avoir leurrés en nous convainquant que ses intérêts étaient les nôtres et en nous faisant même croire que notre survie allait de pair avec la sienne. L'ironie est cruelle, quand on considère que l'ego et sa soif de saisie sont à l'origine de toute notre souffrance !

L'ego est pourtant si terriblement convaincant, il nous a dupés, depuis si longtemps, que la pensée qu'un jour nous pourrions vivre sans lui nous terrifie. Etre sans ego, nous susurre l'ego, serait perdre le charme merveilleux de notre condition humaine pour n'être réduits qu'à de tristes robots, à des zombies.

17 mars

_____

« Les qualités extraordinaires des êtres remarquables qui dissimulent leur nature échappent aux personnes ordinaires telles que nous, en dépit de tous les efforts que nous faisons pour les détecter. En revanche, même des charlatans ordinaires sont experts à duper autrui en se comportant comme des saints. »

PATRUL RINPOCHÉ.

18 mars

Si vous continuez à méditer sur la compassion, lorsque vous voyez quelqu'un souffrir, votre réaction immédiate devient non pas simple pitié, mais profonde compassion. Vous éprouvez du respect et même de la gratitude envers cette personne, car vous savez désormais que quiconque, par sa souffrance, vous incite à développer votre compassion, vous fait en réalité le plus beau des cadeaux. Il vous aide, en effet, à développer la qualité dont vous aurez le plus besoin dans votre progression vers l'éveil.

C'est pourquoi nous disons au Tibet que le mendiant qui vous demande de l'argent ou la vieille femme malade qui vous brise le cœur sont peut-être des bouddhas déguisés, se manifestant sur votre route afin de vous aider à développer votre compassion et à progresser ainsi vers la bouddhéité.

19 mars

Je recommande toujours à mes étudiants de ne pas sortir trop vite d'une séance de méditation. Accordez-vous quelques minutes pour que la paix née de la pratique s'infiltre dans votre vie. « Ne vous levez pas d'un bond, disait mon maître Dudjom Rinpoché, ne partez pas trop vite, mais laissez votre vigilance s'intégrer à votre vie. Soyez comme un homme qui souffre d'une fracture : il demeure toujours attentif à ce que personne ne le heurte. »

Notre état d'esprit au moment de la mort est d'une importance capitale. Si nous mourons dans des dispositions d'esprit positives, nous pourrons améliorer notre prochaine naissance, en dépit d'un karma négatif. Si, par contre, nous sommes irrités ou affligés, cela pourra avoir un effet préjudiciable, même si nous avons bien employé notre vie. Cela signifie que *notre dernière pensée, notre dernière émotion avant de mourir aura un effet déterminant extrêmement puissant sur notre avenir immédiat.*

C'est pourquoi les maîtres soulignent que la qualité de l'atmosphère qui nous entoure à l'heure de notre mort est capitale. En présence de nos amis ou de nos proches, nous devrions faire tout ce qui est en notre pouvoir pour leur inspirer des émotions positives et des sentiments sacrés – tels l'amour, la compassion et la dévotion – et pour les aider à « abandonner toute envie, désir et attachement ».

21 mars

Le plus important est de ne pas se laisser piéger par une certaine « mentalité de consommateur » que j'observe partout en Occident : on passe d'un maître à un autre, d'un enseignement à un autre, sans continuité aucune, sans jamais se consacrer sincèrement et résolument à une discipline en particulier. Dans toutes les traditions, presque tous les grands maîtres spirituels s'accordent sur le fait qu'il est essentiel de connaître à fond une voie, un chemin de sagesse particulier et de suivre, de tout son cœur et de tout son esprit, une seule tradition jusqu'au terme du voyage spirituel, tout en demeurant, bien sûr, ouvert et respectueux à l'égard des vérités de toutes les autres. Nous avions coutume de dire au Tibet : « Connaître une voie, c'est les accomplir toutes. » L'idée en vogue actuellement, selon laquelle nous pouvons toujours conserver notre entière liberté de choix et ne jamais nous engager dans quoi que ce soit, est l'une des illusions les plus graves et les plus dangereuses de notre civilisation, l'un des moyens les plus efficaces de l'ego pour saboter notre quête spirituelle.

22 mars

La pratique de l'attention désamorce notre négativité, notre agressivité et la turbulence de nos émotions, qui peuvent avoir accumulé un certain pouvoir au cours de nombreuses vies. Plutôt que de les refouler ou de nous y complaire, il importe ici d'envisager nos émotions, ainsi que nos pensées et tout ce qui s'élève, avec une sympathie et une générosité aussi ouvertes et vastes que possible. Les maîtres tibétains disent que cette générosité pleine de sagesse possède la saveur de l'espace illimité. Elle est si chaleureuse et si confortable qu'on se sent enveloppé et protégé par elle comme par un manteau de soleil.

« Le maître est semblable à un grand navire permettant aux êtres de traverser l'océan périlleux de l'existence, un capitaine infaillible qui les guide jusqu'à la terre ferme de la libération, une pluie qui éteint le feu des passions, un soleil et une lune resplendissants qui dispersent les ténèbres de l'ignorance, un sol ferme qui peut porter le poids du mal comme du bien, un arbre qui exauce tous les souhaits dispensant à la fois bonheur temporel et félicité ultime, un trésor d'instructions vastes et profondes, un joyau qui exauce tous les souhaits octroyant toutes les qualités de la réalisation, un père et une mère donnant avec équanimité leur amour à tous les êtres sensibles, un immense fleuve de compassion, une montagne s'élevant au-dessus des soucis de ce monde, inébranlable au milieu des bourrasques des émotions, un énorme nuage lourd de pluie pour apaiser les tourments des passions.

« En bref, il est l'égal de tous les bouddhas. Établir un lien quelconque avec lui – que ce soit en le voyant, en entendant sa voix, en nous souvenant de lui, ou au contact de sa main – nous mènera vers la libération. Avoir pleine confiance en lui est le moyen le plus sûr de progresser vers l'éveil. La chaleur de sa sagesse et de sa compassion fera fondre le minerai de notre être pour libérer au-dedans de nous l'or de notre nature de bouddha. »

DILGO KHYENTSÉ RINPOCHÉ.

Pour la majorité d'entre nous, la faculté de percevoir notre nature intrinsèque et la nature de la réalité est obscurcie par le karma et par les émotions négatives. Nous nous accrochons alors au bonheur et à la souffrance comme à une réalité et continuons, par nos actions maladroites et ignorantes, à semer les graines de notre prochaine naissance. Nos actes nous enchaînent au cycle ininterrompu des existences terrestres, à la ronde incessante des naissances et des morts. Par conséquent, *tout se joue* dans notre mode de vie présent, à ce moment même : *la façon dont nous menons notre vie aujourd'hui peut nous coûter notre avenir entier.*

Voilà pourquoi nous devons nous préparer sans plus attendre à affronter la mort avec sagesse et à transformer notre avenir karmique. Nous échapperons ainsi à la tragédie que constitue la chute continuelle dans l'illusion et le retour incessant dans la ronde douloureuse des naissances et des morts. Cette vie représente la seule occasion et le seul lieu qui nous soient donnés pour nous préparer, et nous ne pourrons véritablement le faire que par une pratique spirituelle. Tel est le message inéluctable du bardo naturel de cette vie.

25 mars

« Au moment de l'éveil, il apparut à Gautama (le Bouddha) que la prison dans laquelle il avait été enfermé pendant des milliers de vies s'était brusquement ouverte.
L'ignorance en avait été le geôlier. Son esprit avait été
voilé par l'ignorance, de même que la lune et les étoiles
sont cachées par les nuages d'orage. Obscurci par des
vagues incessantes de pensées trompeuses, l'esprit avait
à tort divisé la réalité en sujet et objet, soi et autrui, existence et non-existence, naissance et mort, et de ces distinctions étaient nées des vues erronées – la prison des
sensations, du désir, de la saisie dualiste et du devenir.
La souffrance de la naissance, de la vieillesse, de la maladie et de la mort n'avait fait que consolider les murs de
la prison. La seule chose à faire était de s'emparer du geôlier et de le démasquer. "Ignorance" était son nom. Une
fois le geôlier éliminé, la prison disparaîtrait pour ne plus
jamais être reconstruite. »

THICH NHAT HANH.
(*L'Eveil du Bouddha.*)

26 mars

Il est extrêmement difficile de demeurer ne serait-ce qu'un instant sans distraction dans la nature de l'esprit, à plus forte raison d'auto-libérer une seule pensée ou émotion dès qu'elle s'élève. Nous présumons souvent que le simple fait de comprendre – ou de croire comprendre – quelque chose intellectuellement, revient à l'avoir réalisé. C'est là une grave erreur. Seules des années d'écoute, de contemplation, de réflexion, de méditation et de pratique assidue peuvent nous amener à la maturité nécessaire.

Il n'existe pas de pratique plus rapide, plus émouvante ou plus puissante, pour invoquer l'aide des êtres éveillés, susciter la dévotion et réaliser la nature de l'esprit, que celle du Guru Yoga. Dilgo Khyentsé Rinpoché écrit : « L'expression "Guru Yoga" signifie "union avec la nature du guru" et, dans cette pratique, nous disposons de méthodes qui nous permettent de fondre notre propre esprit dans l'esprit éveillé du maître. »

Le maître – le guru – incarne et cristallise les bénédictions de tous les bouddhas, de tous les maîtres et êtres éveillés. Ainsi, l'invoquer, c'est les invoquer tous ; unir votre esprit et votre cœur à l'esprit de sagesse de votre maître, c'est les unir à la vérité et à l'incarnation même de l'éveil.

28 mars

Lorsque le Bouddha fut sur le point de quitter ce monde, il prophétisa que Padmasambhava naîtrait peu de temps après sa mort afin de propager l'enseignement des tantras. Comme je l'ai mentionné plus haut, ce fut Padmasambhava qui établit le bouddhisme au Tibet au VIIIᵉ siècle. Pour nous Tibétains, Padmasambhava – « Guru Rinpoché » – incarne un principe cosmique et intemporel ; il est le maître universel.

Dans les moments de difficulté et de crise, j'ai toujours invoqué Padmasambhava, et jamais ses bénédictions et son pouvoir ne m'ont fait défaut. Lorsque je pense à lui, tous mes maîtres sont incarnés en sa personne. Pour moi, il est totalement vivant à tout moment, et l'univers entier, à chaque instant, rayonne de sa beauté, de sa force et de sa présence.

29 mars

Prendre à cœur la réalité de l'impermanence, c'est se libérer peu à peu de l'idée même d'une saisie, d'une croyance erronée et nuisible en la permanence et d'un attachement trompeur aux valeurs rassurantes sur lesquelles nous avons tout bâti. Nous commencerons à entrevoir progressivement que la douleur causée par notre tentative de saisir l'insaisissable était, en fin de compte, inutile.

Accepter cela pourra être douloureux au début, car nous y sommes si peu habitués. Pourtant, si nous y réfléchissons, notre cœur et notre esprit se transformeront lentement et progressivement. Lâcher prise nous semblera plus naturel et deviendra de plus en plus aisé.

Il nous faudra peut-être du temps pour nous rendre compte de l'étendue de notre égarement mais plus nous réfléchirons, plus nous comprendrons et développerons cette attitude nouvelle. Notre regard sur le monde s'en trouvera alors radicalement transformé.

30 mars

« Nous ne pouvons prétendre mourir d'une mort paisible si nos vies ont été imprégnées de violence ou si nos esprits ont été le plus souvent agités par des émotions telles que la colère, l'attachement ou la peur. Par conséquent, si nous souhaitons mourir bien, nous devons apprendre à vivre bien : pour avoir l'espoir d'une vie paisible, il nous faut cultiver la paix, dans notre esprit comme dans notre manière de vivre. »

LE DALAÏ-LAMA.

31 mars

Le point essentiel de cette posture de méditation est de garder le dos droit, comme une flèche ou « une pile de louis d'or ». L'énergie intérieure, ou *prana*, circulera alors aisément dans les canaux subtils de votre corps, et votre esprit trouvera son véritable état de repos. Ne forcez rien. La partie inférieure de la colonne vertébrale possède une cambrure naturelle ; celle-ci doit être détendue tout en restant droite. Sentez que votre tête repose sur le cou de façon souple et agréable. Ce sont les épaules et la partie supérieure de votre thorax qui supportent le dynamisme et la grâce de la posture ; leur maintien doit exprimer une force dépourvue de raideur.

Asseyez-vous jambes croisées. Il n'est pas nécessaire de prendre la position du lotus, sur laquelle on met davantage l'accent dans les pratiques avancées de yoga. Les jambes croisées expriment l'unité de la vie et de la mort, du bien et du mal, des moyens habiles et de la sagesse, des principes masculin et féminin, du samsara et du nirvana : l'humour de la non-dualité. Laissez vos mains reposer confortablement sur vos genoux. C'est ce qu'on appelle la posture de « l'esprit à l'aise ». Il se peut que vous préfériez vous asseoir sur une chaise, les jambes détendues ; assurez-vous alors que vous gardez toujours le dos bien droit.

GOM

La méditation

1er avril

Puisque tout n'est qu'une apparition,
Parfaite comme elle est,
N'ayant rien à voir avec le bien ou le mal,
L'acceptation ou le rejet,
L'on pourrait aussi bien éclater de rire !

LONGCHENPA.

2 avril

La liberté d'expression spontanée d'un écrivain n'est acquise qu'après des années de labeur souvent fastidieux, et la grâce d'un danseur n'est atteinte qu'au prix d'un immense et patient effort. De même, quand vous commencerez à comprendre où la méditation vous mène, vous l'aborderez comme la démarche essentielle de votre vie, exigeant de vous une persévérance, un enthousiasme, une intelligence et une discipline considérables.

3 avril

Au temps du Bouddha, vivait une vieille mendiante appelée « Celle qui s'en remet à la Joie ». Elle regardait les rois, les princes et les gens du peuple qui venaient faire des offrandes au Bouddha et à ses disciples ; elle aurait tant voulu pouvoir faire de même ! Elle alla mendier mais elle reçut seulement de quoi acheter un peu d'huile pour remplir une simple lampe. Elle la déposa cependant devant le Bouddha en faisant ce vœu : « Je n'ai rien d'autre à offrir que cette petite lampe, mais puissé-je, par cette offrande, recevoir dans le futur la grâce de la lampe de sagesse. Puissé-je libérer tous les êtres de leurs ténèbres. Puissé-je purifier ce qui les aveugle et les conduire à l'éveil. »

Cette nuit-là, les autres lampes s'éteignirent après avoir consumé toute leur huile. Seule la lampe de la mendiante brûlait toujours quand Maudgalyayana, le célèbre disciple du Bouddha, vint les enlever à l'aube. Il ne comprit pas pourquoi cette lampe était encore allumée et il souffla pour l'éteindre. Mais quoi qu'il fît, elle continua à brûler.

Le Bouddha, qui observait la scène depuis le début, lui dit : « Maudgalyayana, tu veux éteindre cette lampe ? Tu n'y parviendras pas. Tu ne pourrais même pas la déplacer, comment pourrais-tu l'éteindre ? Si tu versais l'eau de tous les océans sur cette lampe, elle brûlerait encore. L'eau de toutes les rivières et de tous les lacs du monde, cela ne saurait l'éteindre. Pourquoi en est-il ainsi ? Parce que cette lampe a été offerte avec ferveur, avec un cœur et un esprit purs. Cette motivation l'a rendue extrêmement bénéfique. »

4 avril

Dans certaines situations, parfois, vous éprouvez le besoin de considérer quelque chose comme étant la vérité. Mais si vous vous y attachez trop fortement, même quand la vérité en personne se présentera et frappera à votre porte, vous ne lui ouvrirez pas.

5 avril

Pensez à quelqu'un dont vous vous sentez très proche, en particulier à une personne qui est dans la douleur. En inspirant, imaginez que vous prenez sur vous avec compassion toute sa souffrance et sa douleur et, en expirant, dirigez vers elle chaleur, amour, joie, bonheur et guérison.

Maintenant, élargissez graduellement le cercle de votre compassion pour inclure d'abord d'autres personnes dont vous vous sentez très proche, puis celles qui vous sont indifférentes, celles qui vous déplaisent ou avec lesquelles vous êtes en conflit et, enfin, celles qui sont à vos yeux cruelles ou monstrueuses. Laissez votre compassion devenir universelle et accueillir dans son étreinte tous les êtres sensibles, sans aucune exception.

6 avril

Dans l'esprit ordinaire, nous percevons le flot de nos pensées comme une continuité ; mais en réalité, tel n'est pas le cas. Vous découvrirez par vous-même qu'un intervalle sépare chaque pensée de la suivante. Quand la pensée précédente est passée et que la pensée suivante ne s'est pas encore élevée, vous trouverez toujours un espace dans lequel Rigpa, la nature de l'esprit, est révélé. La tâche de la méditation est donc de permettre aux pensées de ralentir afin que cet intervalle devienne de plus en plus manifeste.

7 avril

Même le Bouddha mourut. Sa mort fut un enseignement destiné à secouer les naïfs, les indolents et les satisfaits, et à nous éveiller à cette vérité que toute chose est impermanente, et que la mort est un fait inéluctable de la vie. Sur le point de mourir, le Bouddha déclara :

De toutes les empreintes,
Celle de l'éléphant est suprême.
De toutes les contemplations de l'esprit,
Celle de la mort est suprême.

8 avril

La vie n'étant rien d'autre qu'un mouvement perpétuel de naissances, de morts et de transitions, les expériences du bardo se produisent pour nous continuellement ; elles constituent une partie essentielle de notre fonctionnement psychologique. Pourtant, d'ordinaire, nous n'avons pas conscience de ces intervalles ; notre esprit passe d'une situation « solide » à une autre, ignorant généralement les transitions qui surviennent en permanence.

En fait, comme les enseignements peuvent nous aider à le comprendre, chaque instant de notre expérience est un bardo car chaque pensée, chaque émotion naît de l'essence de l'esprit et s'y fond à nouveau. C'est dans les moments de changement et de transition importants, nous disent les enseignements, que la vraie nature de notre esprit, primordiale et semblable au ciel, a tout particulièrement une chance de se manifester.

9 avril

On nous a appris à consacrer nos vies à la poursuite de nos pensées et de nos projections. Quand bien même on évoque l'« esprit », il ne s'agit que des seules pensées et émotions ; lorsque nos chercheurs étudient ce qu'ils pensent être l'esprit, ils ne font qu'en examiner les projections. Personne ne regarde jamais réellement l'esprit lui-même, le terrain d'où s'élèvent toutes ces manifestations, et cela entraîne des conséquences tragiques.

Les vagues de l'océan ne sont pas toujours paisibles ; elles peuvent aussi être déchaînées. De même s'élèveront des émotions violentes telles que la colère, le désir, la jalousie. Un vrai pratiquant ne les considérera pas comme une perturbation ou un obstacle, mais les reconnaîtra, au contraire, comme une grande opportunité. Le fait que vous réagissiez à de telles émotions selon vos tendances habituelles d'attirance et de répulsion montre non seulement que vous êtes distrait, mais que vous ne savez pas les reconnaître et que vous vous êtes éloigné de la base de Rigpa. Réagir ainsi leur donne du pouvoir et resserre autour de vous les chaînes de l'illusion.

Le grand secret du Dzogchen est de voir directement les émotions pour ce qu'elles sont à l'instant précis où elles s'élèvent : la manifestation vibrante et saisissante de l'énergie même de Rigpa. Au fur et à mesure que vous y parvenez, même les émotions les plus violentes n'ont plus la moindre prise sur vous et elles s'évanouissent, telles de grandes vagues qui se creusent, se dressent avec furie, puis retombent dans le calme de l'océan.

11 avril

Les vues et les convictions erronées peuvent constituer nos illusions les plus dévastatrices. Sans doute, Adolf Hitler et Pol Pot étaient-ils eux aussi convaincus d'avoir raison ? Pourtant, chacun d'entre nous possède la même dangereuse tendance : nous forger des convictions, y croire sans plus les remettre en question et agir en conséquence, contribuant ainsi non seulement à notre propre souffrance, mais aussi à celle de tous ceux qui nous entourent.

Le cœur de l'enseignement du Bouddha consiste à voir « *l'état réel des choses, telles qu'elles sont* » ; c'est ce qu'on appelle *la Vue juste*. La Vue juste embrasse toute chose, puisque le rôle des enseignements spirituels est précisément de nous donner une perspective *complète* de la nature de l'esprit et de la réalité.

12 avril

Que devons-nous « faire » de notre esprit en méditation ?
Rien.

Le laisser, simplement, tel qu'il est.

Un maître décrivait ainsi la méditation : « L'esprit, sus-
pendu dans l'espace, nulle part. »

13 avril

Il y a ceux qui envisagent la mort avec une insouciance naïve et enjouée, croyant que – pour une raison ou pour une autre – elle se passera bien et qu'ils n'ont pas de souci à se faire. Lorsque je pense à eux, ces paroles d'un maître tibétain me reviennent en mémoire : « Les gens commettent souvent l'erreur de se montrer légers au sujet de la mort et de penser : "Oh ! et puis... elle arrive à tout le monde ; ce n'est pas une grande affaire, c'est naturel ; tout ira bien pour moi." » La théorie est plaisante, certes... jusqu'au moment où, effectivement, l'on doit mourir !

14 avril

« Toute interaction subatomique consiste en l'annihilation des particules d'origine et en la création de nouvelles particules subatomiques. Le monde subatomique est une danse sans fin de création et d'annihilation, de matière devenant énergie et d'énergie devenant matière. Des formes transitoires apparaissent et disparaissent en un éclair, engendrant une réalité sans fin, constamment recréée. »

GARY ZUKAV.

15 avril

« L'expérience même de la mort revêt, du point de vue bouddhiste, une grande importance. Bien que le lieu et la nature de notre renaissance future soient généralement dépendants de forces karmiques, notre état d'esprit au moment de la mort peut influer sur la qualité de notre prochaine renaissance. Aussi, malgré la grande diversité des karmas accumulés, si nous faisons un effort particulier au moment de la mort pout engendrer un état d'esprit vertueux, nous pouvons renforcer et activer un karma vertueux et susciter ainsi une renaissance heureuse. »

LE DALAÏ-LAMA.

16 avril

Même au sein du monde humain, nous avons tous notre propre karma individuel. Les êtres humains peuvent être semblables quant à leur apparence, mais chacun perçoit pourtant le monde de façon foncièrement différente. Chacun vit dans son propre monde individuel, exclusif et distinct.

« Si cent personnes dorment et rêvent, disait Kalou Rinpoché, chacune d'elles fera, en songe, l'expérience d'un monde différent. On peut dire que chaque rêve est vrai, mais cela n'aurait aucun sens d'affirmer que le rêve d'une personne représente le monde réel et que tous les autres sont des illusions. Chaque être perçoit la vérité en fonction des schémas karmiques qui conditionnent ses perceptions. »

17 avril

Laissez reposer dans la grande paix naturelle
Cet esprit épuisé,
Battu sans relâche par le karma et les pensées névrotiques,
Semblables à la fureur implacable des vagues qui déferlent
Dans l'océan infini du samsara.

Demeurez dans la grande paix naturelle.

NYOSHUL KHEN RINPOCHÉ.

18 avril

Contempler l'impermanence n'est pas suffisant en soi : il nous faut travailler avec elle dans notre vie. Faites cette expérience : prenez une pièce de monnaie et imaginez que c'est l'objet que vous voulez saisir. Tenez-la bien serrée dans votre poing fermé et étendez le bras, la paume de votre main tournée vers le bas. Si maintenant vous relâchez et desserrez le poing, vous perdrez ce à quoi vous vous accrochiez. C'est la raison pour laquelle vous saisissez.

Mais il est une autre possibilité. Vous *pouvez* lâcher prise sans rien perdre pour autant : le bras toujours tendu, tournez la main vers le ciel. Ouvrez le poing : la pièce demeure dans votre paume ouverte. Vous lâchez prise... et la pièce est toujours vôtre, malgré tout l'espace qui l'entoure.

Ainsi, il *existe* une façon d'accepter l'impermanence tout en savourant la vie, sans pour autant s'attacher aux choses.

19 avril

Nous avons par-dessus tout besoin de nourrir notre moi véritable – ce que nous pourrions appeler notre nature de Bouddha : en effet, nous commettons trop souvent l'erreur fatale de nous *identifier* à notre confusion et de l'utiliser ensuite pour nous juger et nous condamner, et alimenter ce manque d'amour de soi dont tant d'entre nous souffrent aujourd'hui.

Il est vraiment vital de résister à la tentation de porter un jugement sur soi-même ou sur les enseignements, mais d'être conscient avec humour de sa condition et de réaliser que l'on est pour l'instant comme plusieurs individus vivant en une même personne.

Comme cela peut être encourageant de reconnaître que même si, en un sens, nous avons tous d'énormes problèmes que nous amenons sur le chemin spirituel – il se peut d'ailleurs que ce soit eux qui nous aient conduits aux enseignements –, ces problèmes ne sont en définitive pas aussi réels, solides et insurmontables que nous voulions bien le croire.

20 *avril*

Si tout ce que nous connaissons de l'esprit est l'aspect qui se dissout lorsque nous mourons, nous n'aurons aucune idée de ce qui se perpétue, aucune connaissance de cette dimension nouvelle – celle de la réalité plus profonde de la nature de l'esprit. Il est donc essentiel que chacun d'entre nous apprenne, de son vivant, à se familiariser avec cette nature de l'esprit. C'est à cette condition seulement que nous serons prêts lorsqu'elle se révèlera spontanément, et dans toute sa puissance, au moment de la mort. C'est à cette condition seulement que nous pourrons la reconnaître « aussi naturellement », disent les enseignements, « qu'un enfant se réfugiant dans le giron de sa mère », et qu'en demeurant dans cet état, nous serons finalement libérés.

21 avril

L'ego joue avec brio sur notre peur fondamentale de perdre le contrôle et sur notre crainte de l'inconnu. Nous pourrions par exemple nous dire : « Je devrais vraiment abandonner l'ego. Je souffre tant ! Mais alors, qu'adviendra-t-il de moi ? »

Et l'ego ajoutera, de sa voix douce : « Je sais que je te pose parfois des problèmes ; crois-moi, je comprends très bien que tu veuilles me quitter. Mais est-ce réellement là ce que tu souhaites ? Réfléchis bien : si je m'en vais, que va-t-il t'arriver ? Qui s'occupera de toi ? Qui te protègera, qui prendra soin de toi comme je le fais depuis tant d'années ? »

Même si nous démasquions les mensonges de l'ego, nos peurs nous interdiraient de l'abandonner. En effet, sans une connaissance réelle de la nature de l'esprit ou de notre véritable identité, nous ne voyons pas d'autre alternative. Nous nous soumettons continuellement à ses exigences, avec la même haine de soi morose qu'un alcoolique tendant la main vers la boisson, tout en sachant qu'elle est en train de le détruire, ou qu'un toxicomane cherchant sa drogue à tâtons, conscient qu'après une brève euphorie, il se trouvera à nouveau prostré et désespéré.

22 avril

Ne soyez pas trop pressé de résoudre la totalité de vos doutes et de vos problèmes. « Hâtez-vous lentement », disent les maîtres. Je conseille toujours à mes étudiants de ne pas avoir d'attentes excessives, car la croissance spirituelle exige du temps. Il faut des années pour apprendre à bien parler japonais ou pour devenir médecin. Pouvons-nous donc réellement nous attendre à trouver toutes les réponses – sans parler d'atteindre l'éveil – en quelques semaines ?

Le voyage spirituel consiste en une purification et un apprentissage continuels. Lorsque vous comprenez ceci, vous devenez humble. Il existe un proverbe tibétain connu : « Ne confondez pas la compréhension avec la libération. » Et Milarépa disait : « Ne nourrissez pas d'espoirs de réalisation, mais pratiquez toute votre vie. »

23 avril

La Bodhicitta :
Le cœur empli de compassion de l'esprit éveillé

C'est l'élixir suprême
Qui abolit la souveraineté de la mort,
Le trésor inépuisable
Qui élimine la misère du monde,
Le remède incomparable
Qui guérit les maladies du monde,
L'arbre qui abrite tous les êtres
Las d'errer sur les chemins de l'existence conditionnée,
Le pont universel
Qui mène à la libération des existences douloureuses,
La lune de l'esprit qui se lève
Et apaise la brûlure des passions du monde,
Le grand soleil qui finalement dissipe
Les brumes de l'ignorance du monde.

SHANTIDÉVA.

24 avril

Après la méditation, il est important de ne pas céder à la tendance consistant à solidifier notre perception du monde.

Quand vous revenez à votre existence quotidienne, permettez à la sagesse, à la vision profonde, à la compassion, à l'humour, à l'aisance, à la largeur d'esprit et au détachement nés de la méditation d'imprégner votre expérience. La méditation éveille en vous la réalisation de la nature illusoire et chimérique de toute chose. Maintenez cette lucidité au cœur même du samsara.

Un grand maître disait : « Après la pratique de la méditation, on devrait devenir un enfant de l'illusion. »

25 avril

A présent, notre corps est sans aucun doute pour nous le centre de l'univers. Nous l'identifions, sans réfléchir, à notre moi et à notre ego, et cette identification fausse et inconsidérée renforce continuellement l'illusion qui est la nôtre de leur existence concrète et indissociable. Parce que l'existence de notre corps semble si convaincante, notre « je » semble exister, et « vous » semblez exister, et le monde dualiste et entièrement illusoire que nous ne cessons de projeter autour de nous finit par paraître vraiment solide et réel.

Au moment de la mort, cette construction composite s'écroule de manière dramatique.

26 avril

Dudjom Rinpoché dit du moment où Rigpa est directement révélé : « A ce moment-là, c'est comme si l'on ôtait une cagoule de votre tête. Quel espace illimité, quel soulagement ! Telle est la vision suprême : voir ce qui n'avait pas été vu auparavant. » Quand vous voyez « ce qui n'avait pas été vu auparavant », tout s'ouvre et s'élargit, tout devient vif, clair, débordant de vie, pétillant d'allégresse et de fraîcheur. C'est comme si le toit de votre esprit s'était envolé ou qu'une nuée d'oiseaux avait soudain jailli d'un nid obscur. Toutes les limitations se dissolvent et disparaissent comme si, disent les Tibétains, un sceau avait été brisé.

27 avril

Il existe un danger que l'on appelle, dans la tradition, « perdre l'Action dans la Vue ». Un enseignement aussi élevé et aussi puissant que le Dzogchen comporte un risque extrême. Si vous vous imaginez libérer vos pensées et vos émotions alors qu'en réalité vous en êtes très loin, si vous croyez agir avec la spontanéité d'un vrai yogi Dzogchen, vous ne faites qu'accumuler de vastes quantités de karma négatif. Padmasambhava disait – et ce devrait être aussi notre attitude :

Bien que ma Vue soit aussi vaste que le ciel,
Mes actions et mon respect pour la loi de cause à effet sont aussi
*   fins que des grains de farine.*

28 avril

Dudjom Rinpoché avait coutume de dire qu'un débutant devrait pratiquer pendant de courtes sessions. Pratiquez quatre ou cinq minutes, puis faites une pause brève d'une minute environ. Durant la pause, abandonnez la méthode mais ne relâchez pas complètement votre attention.

Parfois, quand la pratique s'est avérée difficile, il est étonnant de constater que c'est au moment précis où vous cessez d'appliquer la méthode que la méditation se produit en réalité – à condition, toutefois, de demeurer présent à vous-même et vigilant. C'est pourquoi la pause est une partie importante de la méditation, autant que la pratique elle-même. Je dis parfois à ceux de mes étudiants qui ont des difficultés avec la pratique, de pratiquer pendant la pause et de faire une pause pendant leur méditation !

Gambopa, le plus grand disciple de Milarépa, lui demanda au moment de leur séparation : « Quand le temps sera-t-il venu pour moi de commencer à guider des étudiants ? » Milarépa lui répondit : « Lorsque tu seras différent de ce que tu es maintenant, lorsque ta perception tout entière se sera transformée et que tu seras capable de voir, réellement voir, ce vieil homme devant toi comme rien de moins que le Bouddha lui-même, lorsque la dévotion t'aura amené à cet instant de reconnaissance, ce sera le signe que le temps est venu pour toi d'enseigner. »

C'est ma dévotion envers mes maîtres qui me donne la force d'enseigner, ainsi que l'ouverture et la réceptivité pour apprendre et continuer à apprendre. Dilgo Khyentsé Rinpoché lui-même ne cessa jamais de recevoir humblement les enseignements d'autres maîtres, souvent même de ceux qui étaient ses propres disciples. Ainsi, la dévotion, qui procure l'inspiration nécessaire pour enseigner, est aussi celle qui donne l'humilité de continuer à apprendre.

30 avril

Maintenant que le bardo de cette vie se lève pour moi,
J'abandonne la paresse, pour laquelle la vie n'a pas de temps,
J'aborde sans distraction le chemin de l'écoute et de l'entente,
    de la réflexion et de la contemplation, et de la méditation,
Faisant des perceptions et de l'esprit le chemin, je réalise les
    « trois kayas », l'esprit d'éveil.
Maintenant que j'ai obtenu un corps humain,
L'esprit n'a plus le temps d'errer sur le chemin.

PADMASAMBHAVA.

ॐ ཨཱཿ ཧཱུྃ་བཛྲ་གུ་རུ་པདྨ་སིདྡྷི་ཧཱུྃ༔

OṂ ĀḤ HŪṂ VAJRA GURU PADMA
SIDDHI HŪṂ༔

Le mantra de Padmasambhava.

1er mai

« Si tu vouais à la pratique spirituelle le dixième du temps
que tu consacres à des distractions telles que courtiser
les femmes ou gagner de l'argent, tu obtiendrais l'éveil
en quelques années. »

RAMAKRISHNA.

2 mai

Comme le dit ce proverbe bien connu : « Si l'on ne manipule pas l'esprit, il est spontanément empli de félicité, de la même manière que l'eau, si elle n'est pas agitée, est par nature transparente et claire. »

Je compare souvent l'esprit en méditation à un récipient d'eau boueuse. Plus nous laissons l'eau reposer sans la remuer, plus les particules de terre se déposent progressivement au fond, permettant à la clarté naturelle de l'eau de se manifester. La nature de l'esprit est telle que si vous le laissez simplement dans son état naturel et inaltéré, il retrouvera sa nature véritable : la félicité et la clarté.

3 mai

Il est dit que les dieux vivent dans un faste éblouissant, se délectant de tous les plaisirs imaginables, sans accorder l'ombre d'une pensée à la dimension spirituelle de la vie. En apparence tout se déroule pour le mieux, jusqu'au moment où la mort approche et où commencent à apparaître les signes inattendus du déclin. Alors, les épouses et les bien-aimées des dieux n'osent plus les approcher ; elles se contentent de leur jeter des fleurs de loin, tout en faisant quelques prières distraites afin qu'ils renaissent dans le royaume des dieux. Aucun de leurs souvenirs de bonheur ou de bien-être ne peut les préserver de la souffrance qui les assaille ; ils ne font, au contraire, que la rendre plus cruelle. Leur dernière heure venue, les dieux périssent donc ainsi, seuls et dans la détresse.

Le sort des dieux me rappelle la façon dont sont traités aujourd'hui les malades, les personnes âgées et en fin de vie. Notre société vit dans l'obsession de la jeunesse, du sexe et du pouvoir, et nous fuyons ce qui évoque la vieillesse et la décrépitude. N'est-il pas terrifiant que nous abandonnions ainsi les personnes âgées lorsque leur vie active est terminée et qu'elles ne nous sont plus d'aucune utilité ? N'est-il pas alarmant que nous les mettions à l'écart, dans des maisons de retraite où elles meurent seules et oubliées ?

4 mai

Ecouter est un processus bien plus difficile que la plupart des gens ne l'imaginent. Ecouter réellement, au sens où les maîtres le comprennent, signifie nous abandonner complètement, oublier toutes les connaissances, les concepts, idées et préjugés dont notre tête est remplie. Si vous écoutez réellement les enseignements, les concepts qui constituent notre véritable obstacle – cela même qui nous sépare de notre vraie nature – s'effaceront lentement et sûrement.

5 mai

Si l'on ne devait retenir qu'un enseignement sur la réalité de la réincarnation, ce serait celui-ci : développez cette bienveillance qui souhaite ardemment un bonheur durable pour autrui, et agissez en ce sens. Pratiquez la bonté et maintenez-la vivante.

« Il n'est nul besoin de temples, dit le Dalaï-Lama ; nul besoin d'une philosophie compliquée. Notre cerveau, notre cœur sont notre temple ; ma philosophie, c'est la bonté. »

6 mai

« J'ai adhéré à la théorie de la réincarnation quand j'avais vingt-six ans. La religion ne me contentait pas ; même le travail ne parvenait pas à me donner entière satisfaction. Celui-ci est vain si l'on ne peut employer dans une autre vie l'expérience accumulée dans l'existence présente. Quand je découvris la réincarnation... le temps ne me fut plus compté. Je cessai d'être esclave des aiguilles de la pendule... Je voudrais pouvoir partager avec d'autres la sérénité qu'apporte une perspective plus étendue de la vie. »

HENRY FORD.

Imaginez-vous assis devant une porte de verre menant à votre jardin ; vous regardez à travers elle et vous contemplez l'espace. Parce que vous ne pouvez voir la surface du verre, il vous semble qu'il n'y a rien entre le ciel et vous. Vous pourriez même vous cogner contre elle si vous vous leviez pour essayer de la franchir, pensant qu'elle n'existe pas. Mais si vous la touchez, vous verrez immédiatement qu'il y a là quelque chose qui garde l'empreinte de vos doigts, quelque chose qui se trouve entre vous et l'espace extérieur.

De la même façon, la base de notre esprit ordinaire nous empêche d'accéder à la nature semblable au ciel de notre esprit, même si, pourtant, nous pouvons avoir des aperçus de cette nature. Nous devons nous échapper complètement de la base de l'esprit ordinaire pour découvrir et laisser entrer l'air frais de Rigpa.

« Ce que l'on a coutume d'appeler "esprit" est généralement très estimé et fait l'objet de nombreuses discussions.

« Cependant, il demeure incompris, ou compris de manière erronée ou partielle.

« Parce qu'il n'est pas compris correctement, *en tant que tel*,

« Voici que naissent, en nombre incalculable, idées et affirmations philosophiques.

« De plus, puisque les individus ordinaires ne le comprennent pas,

« Ils ne reconnaissent pas leur propre nature ;

« Ils continuent donc à errer au gré des renaissances dans les six états d'existence, à l'intérieur des trois mondes, et connaissent ainsi la souffrance.

« En conséquence, ne pas comprendre son propre esprit est une très grave erreur. »

PADMASAMBHAVA.

9 mai

Lorsque vous pratiquez, supposez que vous vous trouviez dans un état de profonde tranquillité. Sans doute ne durera-t-il pas longtemps et, telle une vague dans l'océan, une pensée, un mouvement finiront par s'élever. Ne rejetez pas le mouvement, n'adoptez pas non plus particulièrement la tranquillité ; maintenez plutôt le flux de votre pure présence. L'atmosphère vaste et paisible de votre méditation est Rigpa lui-même, et tout ce qui s'élève n'est autre que le rayonnement naturel de Rigpa. Ceci est le cœur et le principe fondamental de la pratique Dzogchen.

Pour le comprendre, imaginez par exemple que vous chevauchez les rayons du soleil jusqu'à leur source : vous remontez instantanément à l'origine même de toute manifestation, c'est-à-dire à la base que constitue Rigpa. Lorsque vous incarnez la stabilité inébranlable de la Vue, ce qui s'élève ne peut plus vous tromper ni vous distraire, et l'illusion n'a plus de prise sur vous.

10 mai

La vérité absolue ne peut pas être réalisée au sein de l'esprit ordinaire, et le chemin qui va au-delà de l'esprit ordinaire passe par le cœur, ainsi que nous l'ont enseigné toutes les grandes traditions de sagesse. Ce chemin du cœur est la dévotion.

11 mai

Méditer, c'est rompre complètement avec notre mode de fonctionnement « normal ». C'est un état libre de tout souci et de toute préoccupation, exempt de toute compétition, désir de possession et saisie dualiste, libre de lutte intense et angoissée, et de soif de réussite. C'est un état sans ambition où se manifeste ni acceptation ni refus, ni espoir ni peur ; un état dans lequel nous relâchons peu à peu, dans l'espace de la simplicité naturelle, les émotions et les concepts qui nous emprisonnaient.

12 mai

« Reconnaissez sans cesse le caractère onirique de la vie et réduisez attachement et aversion. Cultivez la bienveillance envers tous les êtres. Soyez emplis d'amour et de compassion, quelle que soit l'attitude des autres envers vous. Ce qu'ils vous font aura une moindre importance si vous le voyez comme un rêve. La clé est de conserver une intention positive durant le rêve. C'est là le point essentiel, la spiritualité authentique. »

CHAGDUD TULKU RINPOCHÉ.

13 mai

La mort est un vaste mystère, mais nous pouvons en dire deux choses : *Il est absolument certain que nous mourrons, mais quand et comment est, par contre, incertain.* La seule assurance que nous ayons par conséquent est cette incertitude quant à l'heure de notre mort, dont nous nous servons comme d'un alibi pour retarder le moment de l'affronter. Nous sommes semblables à des enfants qui se couvrent les yeux dans une partie de cache-cache et s'imaginent ainsi que personne ne les voit.

14 mai

Si la méditation dans le Dzogchen consiste simplement à demeurer dans le flux de Rigpa après l'introduction à la nature de l'esprit, comment savoir si nous sommes, ou non, dans Rigpa ? J'ai posé cette question à Dilgo Khyentsé Rinpoché qui m'a répondu avec sa simplicité coutumière : « Si vous êtes dans un état inaltéré, c'est Rigpa. »

Si nous n'altérons ni ne manipulons l'esprit en aucune façon, mais demeurons simplement dans un état inchangé de pure conscience originelle, c'est *cela* Rigpa. Mais s'il y a de notre part quelque construction, manipulation ou saisie, ce n'est pas Rigpa. Rigpa est un état dans lequel aucun doute ne subsiste. Il n'y a plus vraiment d'esprit pour douter : vous voyez directement. Dans cet état, en même temps que Rigpa, jaillissent une certitude et une confiance totales et naturelles : c'est cela qui vous permet de savoir.

15 mai

Le renoncement vous procure à la fois tristesse et joie : tristesse en réalisant la futilité de vos comportements passés, et joie en voyant la perspective plus large qui se déploie devant vous, quand vous êtes capable d'y renoncer. Ce n'est pas là une joie ordinaire. C'est une joie qui donne naissance à une force nouvelle et profonde, à une confiance et à une inspiration constantes lorsque vous réalisez que vous n'êtes pas enchaîné à vos habitudes, mais que vous *pouvez* vraiment en émerger, changer et vous libérer de plus en plus.

16 mai

L'origine de toute joie en ce monde
Est la quête du bonheur d'autrui ;
L'origine de toute souffrance en ce monde
Est la quête de mon propre bonheur.

SHANTIDÉVA.

17 mai

Dans les enseignements Dzogchen, il est dit que votre méditation et votre regard devraient être vastes comme l'étendue de l'océan : ouverts, sans limite, embrassant tout. De même que votre Vue et votre posture sont inséparables, ainsi votre méditation inspire-t-elle votre regard. Ils se fondent l'un dans l'autre et deviennent un.

A ce moment, ne portez pas votre attention sur un objet particulier ; revenez légèrement en vous-même, et laissez votre regard s'élargir et devenir de plus en plus vaste et spacieux. Vous constaterez alors que votre vision elle-même est devenue plus ample et que votre regard exprime davantage de paix, de compassion, d'équanimité et d'équilibre.

18 mai

« Après tout, il n'est pas plus étonnant de naître deux fois
qu'il ne l'est de naître une fois. »

VOLTAIRE.

On me demande fréquemment : « Si nous avons déjà
vécu avant cette vie, pourquoi n'en avons-nous pas gardé
le souvenir ? » Mais le fait de ne pas nous rappeler nos
vies passées ne signifie pas que nous n'avons jamais vécu
auparavant. Après tout, des événements de notre enfance
ou de la veille – ou même ce que nous pensions il y a
une heure – étaient des expériences très nettes au
moment où elles eurent lieu, mais le souvenir que nous
en avons s'est presque totalement évanoui, comme si elles
n'avaient jamais existé. Si nous ne parvenons pas à nous
souvenir de ce que nous avons fait ou pensé la semaine
dernière, comment pouvons-nous imaginer qu'il serait aisé
ou normal de nous rappeler ce que nous avons fait dans
une existence antérieure ?

19 mai

C'est pour mettre un terme à cette singulière tyrannie de l'ego que nous nous engageons sur le chemin spirituel. Pourtant, les ressources de l'ego sont presque infinies et, à chaque étape de notre progrès, il peut venir saboter et pervertir notre désir de nous affranchir de lui. La vérité est simple et les enseignements extrêmement clairs, mais dès l'instant où ceux-ci commencent à nous toucher – je l'ai, hélas, souvent constaté avec tristesse ! – l'ego s'efforce de les compliquer car il sait qu'ils menacent le fondement même de son existence.

Cependant, quelle que soit l'ardeur de l'ego pour tenter de saboter votre chemin spirituel, si vous n'abandonnez pas, si vous travaillez en profondeur avec la pratique de la méditation, vous réaliserez progressivement de quelle manière vous avez été berné par ses promesses, ses faux espoirs et ses fausses peurs. Vous commencerez à comprendre, lentement, que l'espoir et la peur sont ennemis de la paix de votre esprit. L'espoir vous trompe et vous laisse démuni et déçu ; la peur vous paralyse dans la cellule exiguë de votre fausse identité. Vous vous apercevrez aussi que l'emprise de l'ego s'étendait à votre esprit tout entier. Dans l'espace de liberté que vous aura ouvert la méditation, quand vous serez momentanément libéré de la saisie dualiste, vous entreverrez un bref instant l'immensité exaltante de votre vraie nature.

20 mai

Les circonstances où vous souffrez peuvent être celles où vous êtes le plus ouvert, et votre point de plus grande vulnérabilité peut être, en réalité, le lieu de votre plus grande force.

Dites-vous par conséquent : « Je ne vais pas essayer de me dérober à cette souffrance. Je vais l'employer de la manière la meilleure et la plus féconde possible, afin de grandir en compassion et de devenir plus utile à autrui. » Car, après tout, la souffrance peut nous enseigner la compassion. Si vous souffrez, vous saurez ce qu'éprouvent les autres quand ils souffrent, et si votre rôle est d'assister autrui, c'est votre souffrance qui vous fera trouver la compréhension et la compassion nécessaires.

21 mai

Parfois, le maître ou les enseignements nous renvoient soudain l'image d'une vérité trop crue nous concernant. Il peut être alors trop difficile de lui faire face, trop terrifiant de la reconnaître et trop douloureux de l'accepter comme étant la vérité de nous-mêmes. Aussi nous la nions et la rejetons, dans une tentative absurde et désespérée de nous défendre contre *nous-mêmes*, contre la vérité de ce que nous sommes vraiment. Et lorsque ces révélations sont trop fortes ou trop difficiles à accepter, nous refusons de les reconnaître et les projetons sur le monde qui nous entoure, habituellement sur ceux qui nous aiment et nous aident le plus : notre maître, les enseignements, nos parents ou notre ami le plus cher.

Comment parvenir à pénétrer le solide bouclier de ce système de défense ? Le meilleur moyen consiste à reconnaître que nous sommes les dupes de nos propres illusions. J'ai constaté que, pour beaucoup de gens, un simple aperçu de la vérité, de la Vue véritable, peut faire s'écrouler instantanément tout cet édifice fantastique des vues erronées que l'ignorance avait fabriqué.

« En un sens, tout est illusoire et possède la nature du rêve. Pourtant, malgré tout, continuez à agir avec humour. Si vous marchez par exemple, dirigez-vous d'un cœur léger, sans raideur ni solennité inutile, vers le vaste espace de la vérité. Quand vous êtes assis, soyez la citadelle de la vérité. Quand vous mangez, emplissez le ventre de la vacuité de vos négativités et de vos illusions ; laissez-les se dissoudre dans l'espace qui pénètre tout. Et quand vous allez aux toilettes, considérez que tous vos obscurcissements et tous vos blocages sont par là même purifiés et éliminés. »

DUDJOM RINPOCHÉ.

23 mai

Il est essentiel de réaliser à présent, alors que nous sommes encore en vie et possédons un corps, que la solidité apparente et extrêmement convaincante de ce dernier n'est que pure illusion. Le moyen le plus puissant de réaliser cela est d'apprendre à devenir, après la méditation, « un enfant de l'illusion », en s'abstenant de solidifier – comme nous sommes toujours tentés de le faire – nos perceptions de nous-mêmes et du monde ; et en continuant, tel « l'enfant de l'illusion », à voir directement – comme nous le faisons en méditation – la nature illusoire et chimérique de tous les phénomènes. Cette réalisation de la nature illusoire du corps, renforcée par une telle attitude, est extrêmement profonde et inspirante pour nous aider à laisser aller tout attachement.

Lorsque nous nous sentons dans un état d'esprit négatif, il est tout naturel de douter plutôt que de croire.

Du point de vue bouddhiste, le doute est le signe d'un manque de compréhension globale et d'éducation spirituelle, mais il peut être également un catalyseur dans le processus de maturation de la foi. C'est lorsque nous sommes confrontés aux doutes et aux difficultés que nous découvrons si notre foi est une foi simpliste, dévote et conceptuelle, ou bien si elle est forte, résistante et ancrée dans une profonde compréhension du cœur.

Si vous avez la foi, celle-ci peut fort bien être mise à l'épreuve tôt ou tard ; et que le défi vienne de vous-même ou de l'extérieur, il fera simplement partie du processus de la foi et du doute.

25 mai

_____

« A quoi bon aller sur la Lune si nous sommes incapables de franchir l'abîme qui nous sépare de nous-mêmes ? Voilà le plus important de tous les voyages d'exploration et, sans lui, tous les autres sont non seulement vains, mais causes de désastre. »

THOMAS MERTON.

26 mai

Imaginez que vous viviez dans une maison construite au sommet d'une montagne, elle-même située au sommet du monde. Soudain, toute la structure de la maison, qui limitait votre vision, disparaît, et vous voyez tout autour de vous, aussi bien à l'extérieur qu'à l'intérieur. Seulement, il n'y a aucun « objet » à voir ; ce qui se produit est dénué de toute référence ordinaire. C'est une vision totale, intégrale, sans précédent, parfaite. C'est ce que vous ressentez au moment où Rigpa est directement révélé.

27 mai

Même chez le plus grand yogi, le chagrin et la joie s'élèvent tout comme auparavant. Ce qui distingue un yogi d'une personne ordinaire est la façon dont il envisage ses émotions et y réagit.

Un être ordinaire les accepte ou les rejette instinctivement, suscitant l'attachement ou la répulsion, ce qui entraîne une accumulation de karma négatif.

Par contre, un yogi perçoit tout ce qui se manifeste dans son état naturel et originel, sans permettre à l'attachement d'infiltrer sa perception.

28 mai

Le maître de Patrul Rinpoché s'appelait Jigmé Gyalwé Nyugu. Depuis de nombreuses années, il accomplissait une retraite solitaire dans une grotte de montagne. Un jour, sortant sous un soleil éclatant et levant les yeux vers le ciel, il vit un nuage se déplacer en direction de la demeure de son maître Jigmé Lingpa. Une pensée s'éleva dans son esprit : « C'est là-bas que se trouve mon maître ! » Et cette pensée fit jaillir en lui un formidable sentiment d'aspiration et de dévotion. Ce sentiment fut si intense et si bouleversant que Jigmé Gyalwé Nyugu s'évanouit.

Lorsqu'il revint à lui, la bénédiction de l'esprit de sagesse de son maître lui avait été transmise dans son intégralité, et il avait atteint le plus haut degré de réalisation, ce que nous appelons « l'épuisement de la réalité phénoménale ».

Lorsque vous méditez, soyez à l'aise, soyez aussi naturel et aussi spacieux que possible.

Glissez-vous doucement hors du nœud coulant de ce personnage anxieux qu'est votre moi habituel. Relâchez toute saisie et détendez-vous dans votre vraie nature. Imaginez votre personnalité ordinaire, tourmentée par les émotions et les pensées, semblable à un bloc de glace ou à une motte de beurre laissés au soleil. Si vous vous sentez froid et dur, laissez votre agressivité fondre au soleil de votre méditation. Laissez la paix vous gagner, ramener votre esprit dispersé dans la vigilance de l'état que l'on appelle « demeurer paisiblement », et éveiller en vous la conscience profonde de la Vue Claire. Vous trouverez toute votre négativité désarmée, votre agressivité dissoute, et votre confusion en train de se dissiper lentement, comme une brume dans le ciel immense et immaculé de votre nature absolue.

30 mai

Ce qui est né mourra,
Et ce qui a été rassemblé sera dispersé,
Ce qui a été amassé sera épuisé,
Ce qui a été édifié s'effondrera,
Et ce qui a été élevé sera abaissé.

ÉCRITURE TRADITIONNELLE BOUDDHISTE.

31 mai

Que pouvons-nous faire pour triompher de l'attachement ?
Tout simplement, en réaliser la nature impermanente.
Cette réalisation nous libérera peu à peu de son emprise.
Nous aurons alors un aperçu de ce que les maîtres décrivent comme l'attitude juste face au changement : être semblable au ciel qui regarde passer les nuages, ou être libre comme le mercure. Quand du mercure tombe à terre, il demeure, par nature, intact : il ne se mélange jamais à la poussière.

Si nous nous efforçons de suivre les conseils du maître et nous libérons peu à peu de l'attachement, une grande compassion se fera jour en nous. Les nuages de saisie dualiste se dissiperont et le soleil de notre cœur resplendira de la vraie compassion.

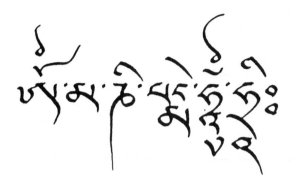

OM MANI PADME HŪṂ HRĪḤ

*Le mantra d'Avalokiteshvara,
le bodhisattva de la compassion.*

1er *juin*

Vous voici tranquillement assis, le corps immobile, la parole au repos, l'esprit en paix. Permettez aux pensées et aux émotions, à tout ce qui surgit, de s'élever et de disparaître. Ne vous attachez à rien.

A quoi cet état ressemble-t-il ? Imaginez, avait coutume de dire Dudjom Rinpoché, un homme qui rentre chez lui après une longue et dure journée de labeur aux champs ; il s'assied dans son siège préféré devant le feu. Il a travaillé toute la journée et sait qu'il a accompli ce qu'il désirait accomplir. Il n'a plus aucune préoccupation, car tout est achevé. Il peut complètement abandonner soucis et préoccupations, dans le simple contentement d'être.

2 juin

« Si votre esprit est vide, il est toujours disponible ; il est ouvert à tout. L'esprit du débutant contient beaucoup de possibilités ; l'esprit de l'expert en contient peu. »

SUZUKI-ROSHI.

3 juin

« La dévotion est l'essence du chemin, et si nous n'avons rien d'autre à l'esprit que la présence du maître, et n'éprouvons rien d'autre qu'une dévotion fervente, tout ce qui se produit est perçu comme sa bénédiction. Pratiquer simplement, sans jamais se départir de cette dévotion, est la prière même.

« Lorsque toutes nos pensées sont imprégnées de dévotion envers le maître, naît en nous une confiance naturelle que cette dévotion même saura résoudre toutes les situations. Toutes les formes sont le maître, tous les sons sont prière, et toutes les pensées, grossières ou subtiles, s'élèvent en tant que dévotion. Tout est spontanément libéré dans la nature absolue, tels des nœuds dénoués dans le ciel. »

DILGO KHYENTSÉ RINPOCHÉ.

4 juin

Qu'est-ce que la compassion ? Elle ne consiste pas seulement à ressentir sympathie et intérêt envers la personne qui souffre, ni à éprouver un sentiment chaleureux à son égard ou à reconnaître clairement et précisément ses besoins et sa douleur. Elle implique également une détermination ferme et concrète de faire tout ce qui est possible et nécessaire afin d'aider au soulagement de sa souffrance.

5 juin

Sans doute connaîtrez-vous au cours de votre pratique de la méditation toutes sortes d'*expériences*, bonnes et mauvaises. Peut-être connaîtrez-vous des états de félicité, de clarté ou d'absence de pensées. D'une certaine façon, ce sont là d'excellentes expériences et le signe que votre méditation progresse : quand vous ressentez la *félicité*, c'est signe que le *désir* s'est provisoirement évanoui ; quand vous ressentez une réelle *clarté*, c'est signe que l'*agressivité* a momentanément cessé ; et quand vous faites l'expérience d'un *état sans pensée*, c'est signe que votre *ignorance* a temporairement disparu. Ce sont de bonnes expériences en soi, mais si l'attachement s'en mêle, elles se transforment en obstacles.

Les expériences ne sont pas en elles-mêmes la réalisation. Cependant, si nous ne nous attachons pas à elles, elles deviennent ce qu'elles sont en réalité : *des matières premières pour la réalisation*.

6 juin

Examiner la mort n'est pas forcément effrayant ou morbide. Pourquoi ne pas y réfléchir lorsque vous vous sentez particulièrement inspiré et détendu : bien installé, allongé sur votre lit, en vacances, en train d'écouter une musique qui vous enchante ? Pourquoi ne pas l'évoquer quand vous vous sentez heureux, en bonne santé, sûr de vous et empli de bien-être ? N'avez-vous jamais remarqué qu'il existe des instants particuliers où vous vous sentez naturellement porté à l'introspection ? Utilisez-les avec délicatesse, car ces *moments vous offrent la possibilité de vivre une expérience décisive, et votre entière perception du monde peut alors être modifiée très rapidement.* Dans de tels moments, vos croyances passées se désagrègent spontanément et votre être peut s'en trouver profondément transformé.

7 juin

Dans la tradition de méditation qui est la mienne, nous gardons les yeux ouverts ; c'est là un point très important. Cependant, si vous êtes facilement dérangé par des perturbations extérieures, il peut vous sembler utile, au début de la pratique, de les fermer un moment et de vous tourner tranquillement vers l'intérieur.

Une fois établi dans le calme, ouvrez progressivement les yeux : vous découvrirez que votre regard est devenu plus paisible et plus serein. Abaissez-les maintenant et regardez juste devant vous, le long de votre nez, selon un angle de 45 degrés environ. D'une manière générale, voici un conseil pratique : quand votre esprit est très agité, il vaut mieux regarder vers le bas ; quand il est morne ou somnolent, dirigez plutôt votre regard vers le haut.

Lorsque votre esprit s'est apaisé et que la clarté du discernement commence à se manifester, vous vous sentez prêt à lever les yeux : ouvrez-les alors davantage et dirigez votre regard dans l'espace, droit devant vous. C'est le regard que l'on recommande dans la pratique Dzogchen.

8 *juin*

« Je ne suis jamais éloigné de ceux que la foi anime, ni même de ceux qui en sont dépourvus, bien qu'ils ne me voient pas. Mes enfants seront toujours, et à jamais, protégés par ma compassion. »

PADMASAMBHAVA.

9 *juin*

Si une relation d'interdépendance nous lie à chaque chose et à chaque être, la moindre de nos pensées, paroles ou actions aura de réelles répercussions dans l'univers entier.

Lorsque vous lancez un caillou dans une mare, sa chute produit des ondes à la surface de l'eau, et ces ondes se fondent les unes dans les autres pour en créer de nouvelles. Tout est inextricablement lié. Nous en viendrons à comprendre que nous sommes responsables de chacun de nos actes, de nos paroles et de nos pensées, responsables en fait de nous-mêmes, de tous les êtres et de toutes les choses, ainsi que de l'univers entier.

10 juin

Assurez-vous que vous n'imposez rien à votre esprit, que vous ne le mettez pas à l'épreuve. Lorsque vous méditez, ne vous efforcez pas de le contrôler, n'essayez pas d'être paisible. Ne soyez pas trop solennel ; ne vous comportez pas comme si vous preniez part à quelque rituel important. Abandonnez même l'idée que vous méditez. Laissez votre corps tel qu'il est et votre respiration telle que vous la trouvez.

Imaginez que vous êtes le ciel, embrassant l'univers entier.

11 juin

Le Bouddha réalisa que l'ignorance de notre vraie nature est la source de tous les tourments du samsara, et la source de cette ignorance elle-même est la tendance invétérée de notre esprit à la distraction.

Mettre fin à cette distraction, c'est mettre fin au samsara lui-même. La solution, comprit le Bouddha, était donc de *ramener l'esprit à sa vraie nature* par la pratique de la méditation.

12 juin

Nous n'aurions aucune chance d'apprendre à connaître la mort si elle ne se produisait qu'une seule fois mais, heureusement, la vie n'est rien d'autre qu'une danse ininterrompue de naissances et de morts, une danse du changement. Chaque fois que j'entends un torrent dévaler la pente d'une montagne ou des vagues déferler sur le rivage, ou encore le battement de mon propre cœur, j'entends le son de l'impermanence. Ces changements, ces petites morts, sont nos liens vivants avec la mort : ils en sont le pouls, le battement de cœur, et nous incitent à lâcher tout ce à quoi nous nous accrochons.

13 juin

Faites un court moment de méditation assise, puis une pause brève allant de trente secondes à une minute. Demeurez alors attentif à ce que vous faites, et ne perdez pas votre présence et son aisance naturelle. Puis aiguisez votre vigilance et méditez à nouveau. Si vous faites de courtes séances de ce genre, les pauses rendront souvent votre méditation plus réelle et plus inspirante. Elles éviteront la gaucherie rigide, la solennité ennuyeuse, le manque de naturel dans la pratique, et vous apporteront de plus en plus d'aisance et de concentration. Progressivement, grâce à cette alternance de pauses et de pratique, la frontière entre méditation et vie quotidienne s'estompera, le contraste entre les deux s'évanouira et vous vous trouverez de plus en plus dans l'état de pure présence naturelle, sans distraction.

Alors, comme Dudjom Rinpoché disait souvent : « Même si le méditant abandonne la méditation, la méditation n'abandonnera pas le méditant. »

14 juin

La loi du karma étant inéluctable et infaillible, c'est à nous-mêmes que nous nuisons lorsque nous faisons du mal aux autres, et c'est à nous-mêmes que nous assurons un bonheur futur lorsque nous donnons aux autres du bonheur. Le Dalaï-Lama dit :

> « Si vous essayez de réfréner vos motivations égoïstes – colère et autres – et développez davantage de bienveillance et de compassion envers autrui, c'est vous, en définitive, qui en bénéficierez. Je dis parfois que telle devrait être la pratique d'un égoïste sage. Un égoïste stupide ne pense qu'à lui-même, et cela ne lui est d'aucun profit. L'égoïste sage pense aux autres, les aide autant qu'il le peut et, en conséquence, reçoit lui aussi des bienfaits. »

15 juin

Dans toutes les grandes voies mystiques du monde, les enseignements attestent clairement l'existence en nous d'une immense réserve de pouvoir, le pouvoir de la sagesse et de la compassion, le pouvoir de ce que le Christ appelait le Royaume des Cieux. Si nous apprenons comment l'utiliser – c'est le but de la recherche de l'éveil – , ce pouvoir peut non seulement nous transformer, mais transformer le monde qui nous entoure. Y a-t-il jamais eu une époque où l'utilisation lucide de ce pouvoir sacré a été plus essentielle et plus urgente ? Y a-t-il jamais eu une époque où comprendre la nature de ce pur pouvoir, apprendre à le canaliser et à l'utiliser pour le bien du monde, a été plus vital ?

16 juin

Parfois, je provoque légèrement les gens en leur demandant : « Qu'est-ce qui vous rend si certains qu'il n'y a pas de vie après la mort ? Quelles preuves en avez-vous ? Que se passera-t-il si vous mourez dans le refus de cette éventualité et découvrez qu'il existe bien une vie après celle-ci ? »

Ceux d'entre nous qui s'engagent dans une discipline spirituelle – par exemple la méditation – en viennent à découvrir sur leur propre esprit bien des choses dont ils ne se doutaient pas auparavant. Car lorsque nous nous ouvrons progressivement à l'existence extraordinaire, vaste et jusque-là insoupçonnée de la nature de l'esprit, nous commençons à entrevoir une dimension entièrement différente, au sein de laquelle se dissipent peu à peu toutes nos présomptions sur une identité et une réalité que nous croyions fort bien connaître. L'éventualité d'autres existences que celle-ci nous paraît au moins vraisemblable. Nous pressentons la vérité de tout ce que les maîtres nous ont enseigné sur la vie, la mort, et sur la vie après la mort.

Il ne peut exister de plus grande erreur que de considérer l'ignorance comme étant en quelque sorte sotte, stupide, ou bien passive et dépourvue d'intelligence. Elle est au contraire habile et rusée, variée et ingénieuse dans les jeux de l'illusion. Et, comme l'a dit le Bouddha, c'est dans nos vues erronées et leurs convictions passionnées que nous trouvons l'une de ses manifestations les plus profondes et les plus dangereuses :

Qu'avez-vous à redouter l'éléphant sauvage
Qui ne peut que blesser votre corps ici et maintenant,
Alors que tomber sous l'emprise de gens mal avisés et de vues
    erronées
Non seulement détruit le mérite accumulé dans le passé,
Mais, également, vous barre le chemin de la liberté future ?

18 juin

Puisque la pure conscience de l'instant présent est le véritable
   bouddha,
Par l'ouverture et le contentement, j'ai trouvé le lama en mon
   cœur.
Lorsque nous réalisons que cet esprit naturel et sans limite est
   la nature même du lama,
Il n'est plus besoin de lamentations, de prières avides et tena-
   ces ni de plaintes artificielles.
En nous détendant simplement dans cet état inaltéré, ouvert
   et naturel,
Nous recevons la grâce où tout ce qui s'élève se libère sans objet.

DUDJOM RINPOCHÉ.

19 juin

Quoi que vous fassiez, ne vous coupez pas de votre douleur ; acceptez-la et demeurez vulnérable. Si désespéré
que vous vous sentiez, acceptez votre douleur comme
elle est, car elle essaie, en réalité, de vous transmettre
un présent inestimable : l'occasion de découvrir, grâce
à la pratique spirituelle, ce qui se trouve au-delà du
chagrin.

« Le chagrin, écrivait Rûmî, peut être le jardin de la
compassion. » Si vous êtes capable de garder l'ouverture
du cœur en dépit de tout ce que vous endurez, votre souffrance pourra devenir la meilleure des alliées dans la quête
de votre vie pour l'amour et la sagesse.

Lorsque vous avez pleinement reconnu que la nature de votre esprit est identique à celle du maître, le maître et vous ne pouvez plus jamais être séparés car le maître est *un* avec la nature de votre esprit, continuellement présent, en tant que tel.

Lorsque vous avez reconnu que le maître et vous êtes inséparables, une gratitude, un sentiment de vénération et de dévotion immenses naissent alors en vous. C'est ce que Dudjom Rinpoché appelle l'« Hommage de la Vue ». C'est une dévotion qui jaillit spontanément de la Vue de la nature de l'esprit.

21 juin

Représentez-vous avec précision une circonstance au cours de laquelle vous avez mal agi, dont le seul souvenir vous emplit de culpabilité et dont la seule évocation vous fait frémir.

Puis, en inspirant, acceptez la totale responsabilité de vos actes lors de cette circonstance particulière, sans essayer en aucune façon de justifier votre conduite. Reconnaissez précisément ce que vous avez fait de mal et demandez pardon de tout votre cœur. En expirant à présent, dispensez la réconciliation, le pardon, la guérison et la compréhension.

Ainsi, vous inspirez la faute et expirez la réparation du mal causé, vous inspirez la responsabilité de vos actes et expirez la guérison, le pardon et la réconciliation.

Cet exercice est particulièrement puissant. Il peut vous donner le courage d'aller voir la personne à qui vous avez fait du tort, ainsi que la force et la détermination de lui parler sans détour, et de réellement lui demander pardon du plus profond de votre cœur.

Ce n'est pas seulement la pratique assise qui importe mais, bien plus, l'état d'esprit dans lequel vous vous trouvez après la méditation. C'est cet état d'esprit calme et centré qu'il vous faut prolonger dans chacune de vos actions. J'aime cette histoire Zen où le disciple demande à son maître :

« Maître, comment appliquez-vous l'éveil à l'action ? Comment le mettez-vous en pratique dans la vie de tous les jours ?

– En mangeant et en dormant, répond le maître.

– Mais, Maître, tout le monde mange et tout le monde dort.

– Mais tous ne mangent pas quand ils mangent, et tous ne dorment pas quand ils dorment. »

D'où le célèbre adage Zen : « Quand je mange, je mange ; quand je dors, je dors. »

Manger quand vous mangez, dormir quand vous dormez, signifie être totalement présent dans chacune de vos actions, sans qu'aucune des distractions de l'ego ne vous éloigne de cette présence. C'est cela l'intégration.

23 juin

Imaginez le moment de la mort comme une étrange zone frontière de l'esprit, un no man's land au sein duquel nous pouvons soit ne pas comprendre la nature illusoire de notre corps et subir, par conséquent, un traumatisme émotionnel considérable en le perdant, soit découvrir la possibilité d'une liberté illimitée qui trouve précisément sa source dans l'absence même de ce corps.

Lorsque nous sommes enfin libérés du corps qui a défini et déterminé la compréhension que nous avons eue de nous-même durant si longtemps, la vision karmique de cette vie est totalement épuisée, mais tout le karma qui pourrait être créé à l'avenir n'a pas encore commencé à se cristalliser.

Il existe donc dans l'événement de la mort un « intervalle », ou espace, riche de vastes possibilités. C'est un moment d'une puissance et d'une richesse considérables, où la seule chose qui importe – ou pourrait importer – est l'état dans lequel se trouve précisément notre esprit. Allégé du corps physique, l'esprit est révélé de façon saisissante dans sa nudité pour ce qu'il a toujours été : l'architecte de notre réalité.

24 juin

Je me souviens que les gens venaient souvent voir mon maître Jamyang Khyentsé dans le simple but de lui demander des instructions pour le moment de la mort. Il était si aimé et si vénéré dans tout le Tibet, et plus particulièrement dans la province orientale du Kham, que certains voyageaient plusieurs mois d'affilée pour le rencontrer et recevoir sa bénédiction, ne serait-ce qu'une fois avant de mourir. Ainsi que tous mes maîtres, il donnait le conseil suivant, qui est l'essence de ce dont vous aurez besoin au terme de votre vie :

« Soyez libre de l'attachement et de l'aversion. Gardez votre esprit pur. Et unissez-le au Bouddha. »

25 juin

Qui veut lier à lui-même une Joie,
De la vie brise les ailes.
Qui embrasse la Joie dans son vol,
Dans l'aurore de l'Eternité demeure.

WILLIAM BLAKE.

26 juin

Lorsque, inspiré par la Vue, vous parvenez naturellement à cet état de méditation, vous pouvez y demeurer long-temps sans distraction ni effort particulier. Il n'existe alors aucune « méditation » à protéger ou à maintenir, car vous êtes dans le flux naturel de la sagesse de Rigpa. Dans cet état, vous réalisez qu'il en est ainsi, qu'il en a tou-jours été ainsi. Lorsque rayonne la sagesse de Rigpa, nulle ombre de doute ne peut subsister, et une compréhen-sion profonde et complète s'élève aussitôt, sans effort.

Cet instant est l'instant de l'éveil. Un profond sens de l'humour se fait jour en vous et vous souriez avec amu-sement en voyant à quel point vos concepts et vos idées précédentes sur la nature de l'esprit étaient inadéquats.

27 juin

On garde les yeux ouverts pour plusieurs raisons lorsque l'on pratique la méditation. D'abord, l'on a moins tendance à somnoler. Ensuite, la méditation n'est pas un moyen de fuir le monde, ou de s'en échapper par le biais de l'expérience extatique d'un état de conscience altéré. C'est, au contraire, un moyen direct pour nous aider à nous comprendre véritablement, et à nous relier à la vie et à l'univers.

C'est pourquoi, dans la méditation, vous gardez les yeux ouverts. Au lieu de vous couper de la vie, vous demeurez réceptif, en paix avec toute chose. Vos sens – l'ouïe, la vue, le toucher – demeurent naturellement en éveil, tels qu'ils sont, sans que vous poursuiviez leurs perceptions.

Quoi que vous voyiez ou entendiez, ne vous y attachez pas, laissez-le tel quel. Laissez l'ouïe dans l'ouïe, la vue dans la vue, sans permettre à la saisie dualiste d'infiltrer vos perceptions.

28 juin

Réfléchissez à ceci : la réalisation de l'impermanence est, paradoxalement, la seule chose à laquelle nous puissions nous raccrocher, peut-être notre seul bien durable. Elle est comme le ciel ou la terre. Tout peut changer ou s'écrouler autour de nous, le ciel et la terre demeurent.

Supposons que nous traversions une crise émotionnelle déchirante... que notre vie entière semble se désintégrer... que notre mari ou notre femme nous quitte soudain, sans prévenir... La terre est toujours là. Le ciel est toujours là. Bien sûr, même la terre tremble de temps à autre pour nous rappeler que nous ne pouvons rien considérer comme acquis...

Les enseignements bouddhistes dans leur ensemble sont décrits en termes de « Base, Chemin et Fruit ». La Base du Dzogchen est cet état fondamental, primordial – notre nature absolue, qui est déjà parfaite et toujours présente.

« Ne la cherchez pas à l'extérieur de vous, dit Patrul Rinpoché ; ne croyez pas, non plus, que vous ne la possédiez pas déjà et qu'elle doive naître maintenant dans votre esprit. » Du point de vue de la Base, de l'absolu, notre nature est donc identique à celle des bouddhas. Il n'est pas question à ce niveau – « pas même l'épaisseur d'un cheveu », disent les maîtres – d'enseignement à suivre ou de pratique à faire.

30 *juin*

Les maîtres Dzogchen ont une conscience aiguë des dangers qui résultent d'une confusion entre le relatif et l'absolu. Une personne qui ne comprend pas le rapport entre les deux peut négliger, voire dédaigner les aspects relatifs de la pratique spirituelle et la loi karmique de cause à effet. En revanche, ceux qui saisissent la vraie signification du Dzogchen voient inévitablement leur respect pour le karma s'approfondir et ressentent de manière plus aiguë et urgente la nécessité d'une purification et d'une pratique spirituelles. C'est parce qu'ils comprennent l'ampleur de ce qui, en eux, a été obscurci, qu'ils s'efforcent alors, avec d'autant plus de ferveur et une discipline toujours vivante et naturelle, d'écarter ce qui les sépare de leur nature véritable.

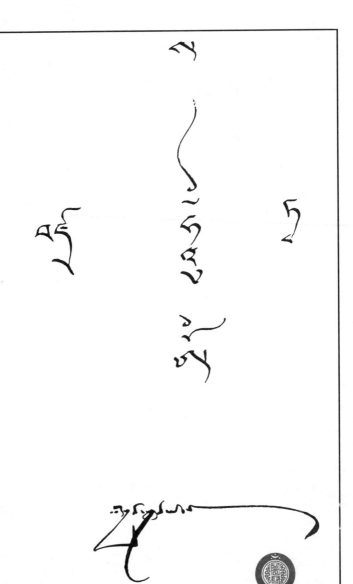

OM VAJRASATTVA HŪM

Le mantra de Vajrasattva,
pour la purification et la guérison.

1er *juillet*

En méditation, les expériences négatives sont souvent les plus trompeuses parce que nous les interprétons généralement comme un mauvais signe. Pourtant, malgré les apparences, elles sont une bénédiction dans la pratique. Efforcez-vous de ne pas y réagir par l'aversion, comme vous pourriez normalement être tenté de le faire, mais reconnaissez-les pour ce qu'elles sont véritablement : de simples expériences, aussi illusoires qu'un rêve.

Réaliser la nature véritable des expériences vous libère du mal ou du danger qu'elles pourraient représenter. Par conséquent, même une expérience négative peut devenir une source de grande bénédiction et d'accomplissement. Il existe d'innombrables histoires relatant la façon dont les maîtres ont ainsi tiré parti de leurs expériences négatives, pour les transformer en catalyseurs de leur réalisation.

2 juillet

Bien souvent, l'on ne sait que faire de sa négativité ou de certaines émotions perturbatrices. Dans le vaste espace de la méditation, il est possible d'adopter une attitude tout à fait impartiale envers pensées et émotions. Quand votre attitude change, c'est l'atmosphère tout entière de votre esprit qui s'en trouve modifiée, y compris la nature même de vos pensées et de vos émotions. Lorsque *vous* devenez plus conciliant, *elles* le deviennent aussi. Si *vous* n'avez pas de difficultés avec *elles*, elles n'en auront pas davantage avec vous.

3 juillet

Supposons que vous ayez des difficultés avec un proche, père ou mère, mari ou femme, amant ou ami. Voyez combien il peut être utile et révélateur de ne pas considérer la personne dans son « rôle » de mère, de père, de mari, et ainsi de suite, mais simplement comme un autre « vous », un autre être humain avec les mêmes sentiments que vous, le même désir d'être heureux, la même peur de souffrir. Penser à cette personne comme à une personne réelle, en tout point identique à vous-même, ouvrira votre cœur à son égard et vous éclairera sur la façon de l'aider.

4 juillet

Dans la méditation, comme dans tous les arts, un équilibre délicat doit être trouvé entre détente et vigilance. Un jour, un moine du nom de Shrona étudiait la méditation avec l'un des plus proches disciples du Bouddha. Il avait de la difficulté à trouver l'état d'esprit juste. Il essayait de toutes ses forces de se concentrer, ce qui lui causait des maux de tête. Puis il relâchait son esprit au point qu'il s'endormait. Finalement, il demanda l'aide du Bouddha. Sachant que Shrona avait été un musicien célèbre avant de devenir moine, le Bouddha lui posa cette question :

« N'étais-tu pas un joueur de *vina* quand tu étais laïc ? »
Shrona acquiesça.

« Quand tirais-tu le meilleur son de ton instrument ? Etait-ce lorsque les cordes étaient très tendues, ou lorsqu'elles étaient très lâches ?

– Ni l'un ni l'autre, dit Shrona : quand elles avaient la tension juste, sans être ni trop tendues, ni trop lâches.

– Eh bien, il en va exactement de même de ton esprit », lui répondit le Bouddha.

5 juillet

Dans l'horreur de la mort, je partis dans les montagnes.
A force de méditer sur l'incertitude de l'heure de la mort,
Je pris la citadelle de la nature immortelle et infinie de l'esprit.
A présent, toute crainte de la mort est bien dépassée !

MILARÉPA.

6 juillet

Les enseignements nous disent tout ce qu'il nous faut réaliser, mais nous devons également suivre notre propre chemin, afin de parvenir à une réalisation qui nous soit personnelle. Ce voyage peut nous amener à traverser toutes sortes de souffrances, de difficultés et de doutes, mais ce sont eux qui, précisément, vont devenir nos plus grands maîtres. Grâce à eux, nous apprendrons l'humilité qui nous permettra de reconnaître nos limites, et nous trouverons la force intérieure et le courage nécessaires pour aller au-delà de nos vieilles habitudes et de nos comportements mécaniques. Nous nous abandonnerons alors à la vision plus vaste de la véritable liberté que nous offrent les enseignements spirituels.

7 juillet

Nous sommes tellement habitués à porter exclusivement notre regard vers l'extérieur que nous avons pratiquement perdu tout accès à notre être intime. Nous sommes épouvantés à l'idée de regarder en nous-mêmes, parce que notre culture ne nous a donné aucune idée de ce que nous allons y trouver. Nous pouvons même craindre que cette démarche ne nous mette en danger de folie. C'est là l'ultime et ingénieux stratagème de l'ego pour nous empêcher de découvrir notre vraie nature.

Nous nous créons ainsi une vie tellement trépidante que nous éliminons le moindre risque de regarder en nous-mêmes. Même l'idée de méditation peut être effrayante pour certains. Lorsque nous entendons des expressions telles que « sans ego » ou « vacuité », nous imaginons que faire l'expérience de ces états équivaudrait à être éjecté d'un vaisseau spatial pour flotter à jamais dans un vide obscur et glacé. Rien ne pourrait être plus éloigné de la vérité. Mais, dans un monde voué à la distraction, le silence et la tranquillité nous terrifient. Nous nous en préservons par le bruit et une activité effrénée. Examiner la nature de notre esprit est la dernière démarche que nous oserions entreprendre.

8 juillet

Profonde et tranquille, libre de toute complexité,
Clarté lumineuse non composée,
Par-delà l'esprit conceptuel ;
Telle est la profondeur de l'esprit des Victorieux.

En elle, rien à enlever,
Nul besoin de rien ajouter.
C'est simplement l'immaculé
Contemplant sa propre nature.

NYOSHUL KHEN RINPOCHÉ.

9 *juillet*

« Dans notre monde contemporain régi par une extrême interdépendance, les individus et les nations ne peuvent plus résoudre seuls la plupart de leurs problèmes. Nous avons besoin les uns des autres. Il nous faut, par conséquent, acquérir un sens universel de notre responsabilité... C'est notre responsabilité, collective autant qu'individuelle, de protéger et de nourrir la famille planétaire, de soutenir ses membres les plus faibles et de protéger et prendre soin de l'environnement dans lequel nous vivons tous. »

LE DALAÏ-LAMA.

10 juillet

Les difficultés et les obstacles, s'ils sont correctement compris et utilisés, deviennent une source inattendue de force. Guésar était le grand roi guerrier du Tibet, dont les aventures constituent la plus grande épopée de la littérature tibétaine. *Guésar* signifie « indomptable », que l'on ne peut briser. Dès l'instant de sa naissance, son mauvais oncle, Trotung, fit tout ce qui était en son pouvoir pour le tuer mais, à chaque tentative, Guésar devenait plus fort.

Pour les Tibétains, Guésar n'est pas seulement un guerrier au sens habituel du terme ; il est aussi un guerrier spirituel. Etre un guerrier spirituel, c'est développer un courage d'un genre particulier, foncièrement intelligent, doux et intrépide à la fois. Les guerriers spirituels peuvent éprouver de la peur, mais ils ont suffisamment de courage pour oser goûter à la souffrance, pour établir un rapport clair à leur peur fondamentale et ne pas se dérober lorsqu'il s'agit de tirer des leçons de leurs difficultés.

11 juillet

Une réflexion sans détours sur le sens de la mort et les multiples facettes de cette vérité qu'est l'impermanence peut nous aider à faire un usage fécond de cette vie pendant qu'il en est encore temps, et nous donner la garantie que lorsque nous mourrons, nous n'aurons ni le remords ni l'amertume d'avoir gaspillé notre existence.

Comme le disait le célèbre saint et poète du Tibet, Milarépa : « Ma religion est de vivre – et de mourir – sans regret. »

12 juillet

Exécuter ces activités dépourvues de sens,
L'esprit absent, sans penser à la venue de la mort,
Et revenir les mains vides, serait maintenant confusion totale.
Reconnaissance et enseignements spirituels sont nécessité,
Alors pourquoi ne pas pratiquer le chemin de la sagesse main-
tenant même ?
De la bouche des saints viennent ces mots :
Si tu ne gardes pas l'enseignement de ton maître dans ton cœur,
Ne t'abuses-tu pas toi-même ?

LE LIVRE DES MORTS TIBÉTAIN.

13 juillet

« Entraîner » l'esprit ne signifie en aucun cas le soumettre par la force ou lui faire subir un « lavage de cerveau ». C'est au contraire acquérir d'abord une connaissance précise et concrète de son fonctionnement, grâce aux enseignements spirituels et à une expérience personnelle de la pratique de la méditation. Vous avez alors recours à cette compréhension pour pacifier votre esprit et travailler habilement avec lui, pour le rendre de plus en plus malléable, afin d'en obtenir la maîtrise et de l'utiliser au mieux de ses possibilités et aux fins les plus bénéfiques.

14 juillet

Mettre au service du monde cette union dynamique de la sagesse et de la compassion serait participer de la façon la plus efficace à la préservation de la planète. Les maîtres de toutes les traditions religieuses du monde comprennent aujourd'hui qu'une formation spirituelle est *essentielle* non seulement aux moines et aux religieuses, mais à tous, quel que soit leur mode de vie, ou leur foi. La nature du développement spirituel est profondément pragmatique, active et efficace. Le danger qui nous menace tous collectivement nous oblige maintenant à ne plus considérer le développement spirituel comme un luxe, mais comme un facteur indispensable à notre survie.

Comme le dit un enseignement tibétain célèbre : « Quand le mal emplit le monde, toutes les vicissitudes devraient être transformées en voie d'éveil. »

15 juillet

« L'acceptation bouddhiste du concept de renaissance est basée principalement sur la notion de continuité de la conscience... Si vous remontez à l'origine de notre esprit actuel, de notre conscience présente, vous vous apercevrez que vous remontez à l'origine de la continuité de l'esprit jusqu'à une dimension infinie ; comme vous pouvez le constater, la continuité de l'esprit est sans origine.

« Par conséquent, il doit exister des renaissances successives pour rendre ce continuum de l'esprit possible. »

LE DALAÏ-LAMA.

16 juillet

Deux personnes ont cohabité en vous toute votre vie. L'une est l'ego, volubile, exigeant, hystérique et calculateur ; l'autre est l'être spirituel secret auquel vous n'avez guère prêté attention, dont vous avez rarement entendu la voix tranquille de sagesse. A mesure que vous écouterez les enseignements, les contemplerez et les intégrerez à votre vie, s'éveillera et s'affermira votre voix intérieure, votre sagesse de discernement innée – ce que, dans le bouddhisme, nous appelons « la conscience claire discriminante ». Vous commencerez alors à faire la distinction entre ses conseils et les diverses voix tapageuses et ensorcelantes de l'ego. Et la mémoire de votre vraie nature, de sa splendeur et de sa confiance, commencera à vous revenir peu à peu.

Vous vous apercevrez, en fait, que vous avez découvert en vous votre propre *guide de sagesse*, et à mesure que votre guide de sagesse, ou que la voix de votre conscience discriminante gagnera en assurance et en clarté, vous commencerez à faire la différence entre sa vérité et les mystifications diverses de l'ego, et vous serez capable de l'écouter avec discernement et confiance.

17 juillet

La racine de tous les phénomènes est votre esprit.
S'il n'est pas examiné, il se précipite vers les expériences,
    ingénieux dans les jeux de la tromperie.
Si vous regardez directement en lui, il est libre de toute base
    ou origine,
En essence libre de venir, demeurer ou partir.

JAMYANG KHYENTSÉ GHÖKYI LODRÖ.

18 juillet

Ne savons-nous pas parfaitement qu'il est vain de tenter de nous protéger de la souffrance et que, lorsque nous essayons de nous y soustraire, nous ne faisons que souffrir davantage et ne tirons pas de l'expérience la leçon qu'elle pourrait nous offrir ? Comme l'écrivait Rilke, le cœur protégé, qui n'a « jamais été exposé à la perte, naïf et confiant, ne peut connaître la tendresse ; seul un cœur mis à nu peut accéder au contentement ; libre, à travers tout ce à quoi il a renoncé, de jouir de sa maîtrise. »

19 juillet

Pour recevoir une aide directe, il nous suffit de demander. Le Christ n'a-t-il pas dit, lui aussi : « Demandez, et il vous sera donné ; cherchez, et vous trouverez ; frappez, et l'on vous ouvrira. Car celui qui demande reçoit, et celui qui cherche trouve » ? Cependant, demander est ce que nous trouvons le plus difficile. Beaucoup d'entre nous, me semble-t-il, savent à peine comment demander. Parfois, c'est parce que nous sommes arrogants, d'autres fois parce que nous nous refusons à chercher de l'aide, que nous sommes paresseux ou bien encore que notre esprit est tellement occupé par le questionnement, les distractions et la confusion, que la simplicité de l'acte de demander ne nous vient même pas à l'idée.

Le moment décisif dans la guérison d'un alcoolique ou d'un drogué est celui où il reconnaît qu'il est malade et demande de l'aide. D'une façon ou d'une autre, nous sommes tous intoxiqués par le samsara ; dès le moment où nous admettrons notre dépendance et saurons simplement demander, nous pourrons recevoir de l'aide.

20 juillet

Imaginez que vous ayez passé toute votre vie sans jamais vous laver et qu'un jour, vous décidiez de prendre une douche. Vous commencez à vous frotter mais vous voyez avec horreur la saleté sortir de tous les pores de votre peau et couler le long de votre corps. Quelque chose ne va pas : vous étiez censé devenir plus propre et vous ne voyez que de la crasse. Pris de panique, vous vous précipitez hors de la douche, convaincu que vous n'auriez jamais dû commencer. Mais le résultat est que vous êtes simplement plus sale qu'avant. Vous n'avez aucun moyen de savoir que l'attitude la plus sage est de prendre patience et de finir de vous doucher. Vous pouvez avoir l'impression, pendant un moment, que vous êtes encore plus sale, mais si vous continuez à vous nettoyer, vous en émergerez propre et frais. C'est tout un processus qui est en jeu, le processus de purification.

Chaque fois qu'un doute surgit, voyez-le simplement comme un obstacle, reconnaissez-le comme une compréhension qui a besoin d'être clarifiée ou « débloquée » ; sachez que ce n'est pas un problème fondamental, mais simplement une étape dans le processus de purification et d'apprentissage. Laissez le processus se poursuivre et s'achever de lui-même, sans jamais perdre votre confiance et votre détermination. Telle est la voie qu'ont suivie tous les grands pratiquants du passé, qui avaient l'habitude de dire : « Il n'y a pas de meilleure armure que la persévérance. »

Si, au moment de la mort, vous êtes capable d'unir avec confiance votre esprit à l'esprit de sagesse du maître et de mourir dans cette paix, je vous promets et vous assure que tout ira bien.

La tâche de notre vie est donc de pratiquer aussi souvent que possible cette fusion avec l'esprit de sagesse du maître, afin qu'elle devienne si naturelle que toute activité – s'asseoir, marcher, manger, boire, dormir, rêver ou s'éveiller – commence à s'imprégner de plus en plus de la présence vivante du maître. Lentement, après des années de dévotion fervente, vous en viendrez à comprendre et à réaliser que toutes les apparences sont la manifestation de la sagesse du maître. Toutes les situations de la vie, même celles qui auparavant semblaient tragiques, absurdes ou terrifiantes, se révéleront être, de façon toujours plus évidente, l'enseignement et la bénédiction directs de votre maître, ainsi que du maître intérieur.

22 juillet

Il y a tant de façons d'approcher la méditation dans la joie ! Ecoutez une musique qui vous touche et laissez-la vous pénétrer profondément. Rassemblez des poèmes, des citations ou des extraits d'enseignement qui vous ont ému au fil des années et ayez-les toujours près de vous, pour vous inspirer. J'ai toujours aimé les *thangka*, ces peintures tibétaines ; leur beauté m'élève l'âme. Vous pouvez, vous aussi, trouver des reproductions de peintures qui éveillent en vous le sens du sacré, et les accrocher aux murs de votre chambre.

Vous pouvez écouter une cassette de l'enseignement d'un grand maître ou de chants sacrés. Vous pouvez faire du lieu où vous méditez un paradis tout simple, grâce à une fleur, un bâton d'encens, une bougie, la photo d'un maître qui a atteint l'éveil ou la statue d'une déité ou d'un bouddha. Vous pouvez transformer la pièce la plus ordinaire en un espace intime et sacré où, chaque jour, vous viendrez à la rencontre de votre être véritable avec le bonheur et la célébration joyeuse d'un vieil ami qui en salue un autre.

23 juillet

Du lotus de la dévotion qui s'épanouit au centre de mon cœur,
O maître plein de compassion, mon seul refuge, élevez-vous !
Je suis tourmenté par mes actions passées et mes émotions
  turbulentes ;
Afin de me protéger dans cet état infortuné,
Demeurez, je vous prie, comme un joyau au sommet de ma
  tête, le mandala de la grande félicité,
Faites que s'élèvent en moi toute ma claire conscience et toute
  mon attention.

JIGMÉ LINGPA.

Les maîtres nous enseignent qu'il existe un aspect de notre esprit qui constitue sa base fondamentale, un état que l'on appelle « la base de l'esprit ordinaire ». Il fonctionne comme un entrepôt dans lequel toutes les empreintes de nos actions passées, causées par les émotions négatives, sont stockées comme des graines. Lorsque les conditions propices se présentent, elles germent et se manifestent comme circonstances et situations de notre vie.

Si nous avons l'habitude de penser selon un schéma défini, qu'il soit positif ou négatif, ces tendances sont activées et déclenchées très facilement et elles se répètent sans cesse. En se reproduisant constamment, nos inclinations et nos habitudes deviennent de plus en plus profondément enracinées et continuent à croître et à accumuler de la force, même pendant notre sommeil. Elles en arrivent ainsi à déterminer notre vie, notre mort et notre renaissance.

25 juillet

Quand la sagesse de Rigpa rayonne, s'élève un sentiment grandissant de certitude inébranlable et naît alors la conviction que « c'est cela ». Il ne reste plus rien à chercher, plus rien à attendre. C'est cette certitude de la Vue qu'il vous faudra approfondir par des aperçus successifs de la nature de l'esprit, et stabiliser par la discipline constante de la méditation.

26 juillet

La méditation Dzogchen offre une perspective unique sur les manifestations de l'esprit, et travaille avec elles d'une manière à la fois subtile et puissante. Tout ce qui s'élève est vu dans sa vraie nature, non pas distinct de Rigpa, ni en opposition à lui, mais, en fait – et cela est très important – comme n'étant autre que son rayonnement naturel, l'expression de sa propre énergie.

27 juillet

Qui est le maître extérieur ? Il n'est autre que l'incarnation, la voix, le représentant de notre maître intérieur. Ce maître, dont la forme humaine, la voix humaine, la sagesse finiront par nous devenir plus chères que tout au monde, n'est autre que la manifestation extérieure de notre propre vérité intérieure et de son mystère. Comment expliquer autrement le lien si fort qui nous unit à lui ?

« Bien que différentes formes apparaissent, elles sont en essence vides ; pourtant, dans la vacuité, des formes sont perçues.

« Bien que différents sons soient entendus, ils sont vides ; pourtant, dans la vacuité, des sons sont perçus.

« Différentes pensées s'élèvent aussi, elles sont vides ; pourtant, dans la vacuité, des pensées sont perçues. »

DUDJOM RINPOCHÉ.

29 juillet

Pour les Tibétains, le Nouvel An est la fête principale de l'année ; on pourrait dire qu'il réunit à la fois Noël, Pâques, le 14 Juillet et votre anniversaire. Patrul Rinpoché était un grand maître et son existence abonda en épisodes excentriques qui donnaient vie à l'enseignement. Au lieu de célébrer le Nouvel An et de souhaiter aux gens une « Bonne Année », Patrul Rinpoché avait coutume de pleurer. Lorsqu'on lui en demandait la raison, il expliquait qu'une année venait encore de s'écouler et qu'un grand nombre de gens s'étaient rapprochés de la mort *sans pour autant y être préparés*.

_____

Si nous possédons déjà, au moment de la mort, une réalisation stable de la nature de l'esprit, nous pourrons en un instant purifier la totalité de notre karma. Et si nous prolongeons la reconnaissance constante de cette nature, nous serons réellement capables de mettre un terme définitif à notre karma, en pénétrant dans l'espace de pureté primordiale de la nature de l'esprit et en atteignant la libération.

Padmasambhava l'expliquait ainsi :

« Ce pouvoir d'atteindre la stabilité par la seule reconnaissance de la nature de l'esprit est semblable à un flambeau qui, en un instant, peut dissiper les ténèbres de temps infinis. *Ainsi, s'il nous est possible de reconnaître la nature de l'esprit dans le bardo de la même manière que nous sommes capables de le faire à présent, lorsqu'elle est introduite par le maître, il n'y a pas le moindre doute que nous atteindrons l'éveil. C'est pourquoi, dès ce moment même et grâce à la pratique, nous devons nous familiariser avec la nature de l'esprit.* »

31 juillet

Quand vous méditez, il est essentiel de créer dans votre esprit le climat intérieur approprié. Tout effort et toute lutte résultent du manque d'ouverture. Aussi est-il vital de créer l'environnement intérieur adéquat afin que la méditation puisse réellement avoir lieu.

Lorsque l'humour et l'espace *sont* présents, la méditation s'élève sans effort.

།རྗེ་བཙུན་འཕགས་མ་སྒྲོལ་མ་ཁྱེད་མཁྱེན་ནོ།

འཇིགས་དང་སྡུག་བསྔལ་ཀུན་ལས་བསྐྱབ་ཏུ་གསོལ།

JETSÜN PAKMA DROLMA KHYÉ KHYEN NO
JIK DANG DUKNGEL KUN LÉ KYAB TU SOL

*Prière à Tara, la libératrice,
le Bouddha féminin de la compassion.*

1er août

Une des révélations majeures de l'expérience de « proximité de la mort » est à quel point elle bouleverse l'existence de ceux qui l'ont vécue. Un homme dit :

> « Auparavant, j'étais perdu et j'errais sans but, sans autre objectif dans la vie que de satisfaire mon désir pour les biens matériels ; j'ai été transformé en un homme animé d'une motivation profonde, d'un but dans l'existence, d'une direction précise et d'une conviction absolue qu'il y a une récompense à la fin de cette vie. Mon intérêt pour les biens matériels et mon appétit de possessions ont été remplacés par une soif de compréhension spirituelle et par le désir passionné de voir les conditions du monde s'améliorer. »

2 août

Comme il est triste que la plupart d'entre nous ne commencent à apprécier leur vie que lorsqu'ils sont sur le point de mourir ! Je pense souvent à ces paroles du grand maître bouddhiste Padmasambhava : « Ceux qui croient qu'ils ont beaucoup de temps ne se préparent qu'au moment de la mort. Ils sont alors ravagés par les regrets. Mais n'est-il pas bien trop tard ? »

3 août

« Lorsque le soleil de la dévotion ardente brille sur la montagne enneigée qu'est le maître, le flot de ses bénédictions se met à couler. »

LE SAINT TIBÉTAIN DRIKUNG KYOBPA.

4 août

Malgré tous les dangers qu'il présente, le monde d'aujourd'hui est passionnant. L'esprit moderne s'ouvre lentement à des visions différentes de la réalité. De grands maîtres spirituels tels que le Dalaï-Lama ou Mère Teresa apparaissent à la télévision ; de nombreux maîtres venus d'Asie viennent effectuer des séjours en Occident et y enseignent ; enfin, les ouvrages traitant de toutes les traditions mystiques attirent un public de plus en plus vaste. La situation critique de la planète sensibilise progressivement ses habitants à la nécessité d'une transformation à l'échelle mondiale.

L'éveil est une réalité et il existe encore en ce monde des maîtres éveillés. Lorsque vous rencontrerez l'un d'entre eux, vous serez bouleversé, touché au plus profond de votre cœur et vous réaliserez alors que des mots comme « éveil » ou « sagesse », qui jusque-là ne véhiculaient pour vous que des idées, correspondent en fait à des vérités.

5 août

_____

Considérer les autres *comme en tout point identiques à vous-même* vous aidera à élargir vos relations et leur donnera une signification nouvelle et plus riche. Imaginez que les sociétés et les nations commencent à se considérer mutuellement ainsi. Nous aurions enfin l'amorce d'une base solide pour la paix mondiale et pour la coexistence heureuse de tous les peuples.

6 août

« Dans votre pratique de la méditation, vous pourriez faire l'expérience d'un état apathique, semi-conscient, "vaseux", comme si vous aviez la tête recouverte d'un capuchon : c'est une sorte de rêverie indolente. Ce n'est réellement rien d'autre qu'une sorte de stagnation trouble, un état d'absence. Comment émerger de cet état ? Réveillez-vous, redressez-vous, expulsez l'air vicié de vos poumons et dirigez votre conscience vers la clarté de l'espace pour vous rafraîchir l'esprit. Tant que vous demeurez dans cet état de stagnation, vous n'évoluerez pas. Aussi, à chaque fois que cet obstacle se produit, clarifiez votre esprit. Il est important d'être aussi attentif et vigilant que possible. »

DUDJOM RINPOCHÉ.

Le moment de la mort est une occasion extraordinaire, si nous comprenons clairement ce qui se passe et nous y sommes bien préparés dans notre vie. En effet, à ce moment crucial, notre « esprit-ego » pensant meurt dans l'essence, et en cette vérité l'éveil se produit. Si nous nous familiarisons, par la pratique, avec la vraie nature de notre esprit pendant que nous sommes encore en vie, nous serons mieux préparés quand elle se révélera spontanément au moment de la mort. La reconnaissance se produira alors aussi naturellement qu'un petit enfant se précipitant dans les bras de sa mère. Demeurant dans cet état, nous serons libérés.

8 août

Les êtres sensibles sont aussi illimités que l'espace ;
Puissent-ils tous réaliser sans peine la nature de leur esprit,
Puisse chacun des êtres sensibles des six mondes, qui ont tous
*   été, dans l'une ou l'autre de mes vies passées, mon père ou*
*   ma mère,*
Atteindre tous ensemble la base de la perfection primordiale.

9 *août*

Ce dont la plupart d'entre nous avons besoin, sans doute
plus que de tout autre chose, c'est du courage et de l'humilité nécessaires pour demander vraiment de l'aide, du fond
du cœur : demander la compassion des êtres éveillés,
demander la purification et la guérison, demander la capacité de comprendre le sens de notre souffrance et de la
transformer ; demander, à un niveau *relatif*, que croissent
dans notre vie clarté, paix et discernement, et demander
la réalisation de la nature *absolue* de l'esprit qui provient
de l'union de notre esprit à l'esprit de sagesse immortel
du maître.

10 août

Cette existence qui est la nôtre est aussi éphémère que les nuages
    d'automne.
Observer la naissance et la mort des êtres est comme observer
    les mouvements d'une danse.
La durée d'une vie est semblable à un éclair d'orage dans le ciel.
Elle se précipite, tel un torrent dévalant une montagne abrupte.

LE BOUDDHA.

11 août

Travailler maintenant, dans cette vie, avec le changement : c'est le vrai moyen de nous préparer à la mort. Tout ce que la vie contient de douleur, de souffrance et de difficulté peut être perçu comme autant d'occasions qui nous sont offertes pour nous conduire, graduellement, à une acceptation émotionnelle de la mort. Seule notre croyance en la permanence des choses nous empêche de tirer la leçon du changement.

Mon maître avait un étudiant indien du nom d'Apa Pant. C'était un écrivain et un diplomate distingué qui avait occupé le poste d'ambassadeur de l'Inde dans les capitales de nombreux pays. Il pratiquait par ailleurs la méditation et le yoga et, chaque fois qu'il voyait mon maître, il ne manquait pas de lui demander « comment méditer ». Il était en cela fidèle à une tradition orientale selon laquelle l'élève pose sans relâche au maître une simple et unique question fondamentale.

Un jour que notre maître Jamyang Khyentsé assistait à une danse rituelle de lamas devant le Temple du Palais de Gangtok, la capitale du Sikkim, il s'égayait des bouffonneries de l'*atsara*, le clown assurant les intermèdes comiques entre les danses. Apa Pant continuait à le harceler, lui demandant sans répit comment méditer. Tant et si bien que cette fois, lorsque mon maître lui répondit, ce fut d'une manière telle qu'il sut que la réponse était définitive : « Ecoute-moi bien, c'est ainsi : quand la pensée précédente est passée et que la pensée future ne s'est pas encore élevée, n'y a-t-il pas là un intervalle ?

– Oui, répondit Apa Pant.

– Eh bien, prolonge-le : c'est cela la méditation. »

13 août

La plus noble contribution qu'a apportée ma tradition à la sagesse spirituelle de l'humanité, l'expression la plus généreuse de sa compassion, résident dans sa compréhension et sa mise en pratique continuelle de l'idéal du bodhisattva. Le bodhisattva prend sur lui la souffrance de tous les autres êtres sensibles, entreprend le voyage vers la libération non pour son seul bien mais afin de venir en aide à autrui et, finalement, après avoir atteint l'éveil, ne se dissout pas dans l'absolu ni ne fuit le tourment du samsara, mais choisit de revenir maintes et maintes fois pour mettre sa sagesse et sa compassion au service du monde entier.

14 août

L'un des plus grands maîtres féminins du Tibet, Ma Chik Lap Drön, disait : « Vigilance, vigilance ; mais également détente, détente. Ceci est un point crucial pour la Vue en méditation. »

Eveillez votre vigilance, mais soyez en même temps détendu, tellement détendu qu'en fait vous ne vous attachez même pas à l'idée de détente.

15 août

« Les vies successives d'une série de renaissances ne sont pas semblables aux perles d'un collier, maintenues ensemble par un fil, "l'âme", qui passerait à travers les perles ; elles ressemblent plutôt à des dés empilés l'un sur l'autre. Chaque dé est séparé, mais il soutient celui qui est posé sur lui et avec lequel il a un lien fonctionnel. Les dés ne sont pas reliés par l'identité, mais par la conditionnalité. »

H.W. SCHUMANN.
(*The Historical Buddha.*)

Plus vous prêterez l'oreille à ce guide de sagesse, plus il vous sera aisé de transformer vous-même vos états d'esprit négatifs, de les voir directement pour ce qu'ils sont et même d'en rire, constatant combien ces mélodrames étaient absurdes et ces illusions ridicules.

Peu à peu, vous saurez vous libérer de plus en plus vite des émotions obscures qui gouvernaient votre vie. Pouvoir faire cela est le plus grand de tous les miracles.

Le mystique tibétain Tertön Sogyal disait qu'il n'était pas réellement impressionné si quelqu'un pouvait transformer le plancher en plafond ou le feu en eau. Le véritable miracle, disait-il, a lieu lorsqu'une personne est capable de libérer ne serait-ce qu'une seule émotion négative.

17 août

Le deuil vous oblige à considérer votre vie sans détours et à y discerner un sens là où il ne s'en trouvait peut-être pas auparavant. Quand soudain vous vous trouvez seul, après la mort d'un être cher, vous pouvez sentir qu'une vie nouvelle vous est donnée et que l'on vous demande : « Que vas-tu faire de cette vie ? Pourquoi désires-tu continuer à vivre ? »

Le conseil que je donnerais du fond du cœur à ceux qui sont submergés par le chagrin et le désespoir après la perte d'un être cher, c'est de prier pour recevoir l'aide, la force et la grâce. Priez que vous puissiez survivre et découvrir, dans toute sa richesse, le sens de la vie nouvelle qui vous échoit maintenant. Soyez vulnérable et réceptif, soyez courageux, et soyez patient. Plus que tout, examinez votre vie pour découvrir comment manifester désormais plus profondément votre amour pour autrui.

18 août

Faire des projets d'avenir, c'est comme aller pêcher dans le lit
*   sec d'un torrent ;*
Rien n'arrive jamais comme on le souhaite, aussi abandonnez
*   tous vos projets et ambitions.*
S'il vous faut penser à quelque chose,
Que ce soit à l'incertitude de l'heure de votre mort...

GYALSÉ RINPOCHÉ.

19 août

Il nous faut maintes et maintes fois apprécier les effets subtils de l'enseignement et de la pratique et, même si aucun changement extraordinaire ou spectaculaire ne se produit, persévérer avec calme et patience. Il est tellement important de nous montrer doux et habile envers nous-mêmes, de ne pas nous décourager, de ne pas renoncer, mais de faire confiance au chemin spirituel, sachant qu'il possède ses propres lois et sa propre dynamique.

20 août

A chaque instant de notre vie, nous avons besoin de compassion, mais quel moment plus pressant pourrait-il y avoir que celui de l'approche de la mort ? Quel cadeau plus merveilleux et plus réconfortant pourriez-vous offrir au mourant que de lui donner l'assurance que vous priez pour lui et qu'en pratiquant à son intention, vous prenez sur vous sa souffrance et purifiez son karma négatif ?

Même s'il ne sait pas que vous pratiquez pour lui, vous l'aidez et lui vous aide en retour. Il vous aide activement à développer votre compassion, et ainsi à vous purifier et à vous guérir. A mes yeux, chaque personne mourante est un maître, offrant à tous ceux qui l'aident l'opportunité de se transformer en développant leur compassion.

21 août

Lorsque vous méditez, ayez la bouche légèrement entrouverte comme si vous étiez sur le point d'émettre un
« Aaaah » profond et relaxant. Il est dit que si l'on garde
la bouche légèrement entrouverte en respirant principalement par celle-ci, les « souffles karmiques » qui créent
les pensées discursives ont en principe moins de chan-
ces de s'élever et de créer des obstacles dans votre esprit
et dans votre méditation.

22 août

Ne vous y trompez pas, la nature de l'esprit ne se limite pas exclusivement à notre seul esprit. Elle est, en fait, la nature de toute chose. On ne le répétera jamais assez : réaliser la nature de l'esprit, c'est réaliser la nature de toute chose.

Si vous trouvez difficile de pratiquer la méditation chez vous en ville, faites preuve d'imagination, partez dans la nature. La nature est toujours une source d'inspiration inépuisable. Pour calmer votre esprit, promenez-vous dans un parc à l'aube, ou admirez la rosée posée sur la rose d'un jardin. Allongez-vous sur le sol et contemplez le ciel. Laissez votre esprit se perdre dans son immensité. Que le ciel extérieur éveille le ciel intérieur de votre être. Debout près d'un ruisseau, laissez votre esprit se mêler à la course de l'eau. Unissez-vous à son murmure incessant. Asseyez-vous près d'une cascade et laissez son chant apaisant purifier votre esprit. Marchez le long de la mer et laissez le vent du large caresser votre visage. Célébrez le clair de lune ; que sa beauté emplisse votre esprit de grâce. Asseyez-vous près d'un lac ou dans un jardin et, tout en respirant paisiblement, laissez le silence s'établir en vous tandis que la lune monte, lentement et majestueusement, dans la nuit claire.

Tous les constituants de notre corps et de notre esprit se défont et se désagrègent au moment de la mort. Tandis que la vie quitte le corps, les sens et les éléments subtils se dissolvent. Il s'ensuit ensuite la mort de l'aspect ordinaire de notre esprit, avec toutes les émotions négatives de colère, de désir et d'ignorance. Finalement, rien ne subsiste pour obscurcir notre nature véritable car tout ce qui, dans la vie, voilait l'esprit d'éveil s'est évanoui. Ce qui est révélé est la base primordiale de notre nature absolue, semblable à un ciel pur et sans nuages.

C'est ce qu'on appelle l'aube de la Luminosité fondamentale – ou « Claire Lumière » – où la conscience elle-même se dissout dans l'espace de vérité qui embrasse tout. *Le Livre des Morts Tibétain* dit de ce moment :

La nature de toute chose est ouverte, vide et nue comme le ciel.
Vacuité lumineuse, dénuée de centre ou de circonférence : Rigpa,
    pur et sans voile, se lève.

25 août

Les enseignements sur les bardos proviennent de l'esprit de sagesse des bouddhas, qui peuvent voir la vie et la mort aussi facilement que la paume de leur main.

Nous aussi sommes des bouddhas. Par conséquent, si nous pratiquons pendant le bardo de cette vie et explorons de plus en plus profondément la nature de notre esprit, nous pourrons pénétrer cette connaissance des bardos, et la vérité des enseignements se déploiera alors spontanément en nous. C'est pourquoi le bardo naturel de cette vie est d'une importance extrême. C'est ici et maintenant que s'effectue la préparation complète à tous les bardos. « La manière suprême de se préparer, est-il dit, a lieu maintenant : c'est d'atteindre l'éveil dans cette vie même. »

Je n'ai pas toujours recours à une méthode particulière quand je médite. Je laisse simplement mon esprit s'apaiser et je m'aperçois, surtout lorsque je me sens inspiré, que je peux ramener cet esprit en lui-même et me détendre très rapidement. Je demeure assis tranquillement et me repose dans la nature de l'esprit. Je n'ai pas de doutes, je ne me demande pas si je suis ou non dans l'état « correct ». Il n'y a pas d'effort, mais seulement une compréhension profonde, une vigilance et une certitude inébranlable.

Quand je suis dans la nature de l'esprit, l'esprit ordinaire n'existe plus. Nul besoin alors de maintenir ou de confirmer un quelconque sentiment d'existence : *je suis, tout simplement,* dans cette confiance fondamentale. Et il n'y a rien de particulier à faire.

Quand la Vue est constante,
Le flux de Rigpa incessant,
Et la fusion des deux luminosités continuelle et spontanée,
Toute illusion possible est libérée à sa racine même,
Et votre perception tout entière s'élève, sans interruption, en
  tant que Rigpa.

Le terme *méditation* n'est pas réellement approprié pour la pratique Dzogchen car il suggère finalement l'idée de « quelque chose » sur quoi méditer, alors que dans le Dzogchen tout est uniquement et à jamais Rigpa. Il ne peut donc être question d'une méditation autre que de demeurer simplement dans la pure présence de Rigpa. Le seul terme adéquat serait celui de *non-méditation*. Dans cet état, disent les maîtres, même si vous cherchiez l'illusion, elle n'existerait plus. Même si vous vous mettiez en quête de galets ordinaires sur une île d'or et de joyaux, vous n'auriez aucune chance d'en trouver.

28 août

Si l'éléphant Esprit est lié complètement par la corde Attention,
Toute peur disparaît et le bonheur parfait survient.
Tous nos ennemis : tigres, lions, éléphants, ours, serpents (nos
  émotions)
Tous les geôliers infernaux et les démons,
Tous sont soumis par la maîtrise de l'esprit,
Tous sont subjugués par la pacification de l'esprit,
Car toutes les peurs et les peines infinies procèdent de l'esprit seul.

SHANTIDÉVA.

29 août

Accordez vos bénédictions afin que mon esprit devienne un avec le Dharma.

Accordez vos bénédictions afin que le Dharma progresse le long du chemin.

Accordez vos bénédictions afin que le chemin clarifie la confusion.

Accordez vos bénédictions afin que la confusion s'élève en sagesse.

GAMBOPA.

Chaque fois que les pertes et les déceptions de la vie nous donnent une leçon d'impermanence, elles nous rapprochent en même temps de la vérité. Quand vous tombez d'une très grande hauteur, vous ne pouvez qu'atterrir sur le sol : le sol de la vérité. Et si vous possédez la compréhension née d'une pratique spirituelle, tomber ne constitue en aucun cas un désastre mais, au contraire, la découverte d'un refuge intérieur.

31 août

Allumez la télévision ou jetez un coup d'œil à un quotidien : vous verrez la mort partout. Les victimes de ces accidents d'avion ou de voiture s'attendaient-elles à mourir ? Comme nous, elles considéraient la vie comme allant de soi. Combien de fois avons-nous entendu parler de personnes de notre connaissance, ou même d'amis, qui sont mortes subitement ? Nous pouvons mourir sans même être malades : notre corps peut soudain tomber en panne et se détraquer, tout comme notre voiture. Il se peut qu'un jour nous allions très bien et que, le lendemain, nous tombions malades et mourions.

SEM MA YENG CHIK

Ne soyez pas distrait

1ᵉʳ *septembre*

Quand les gens commencent à méditer, ils se plaignent souvent que leurs pensées se déchaînent, qu'elles n'ont jamais été aussi incontrôlables. Je les rassure en leur disant que c'est bon signe. En effet, loin de signifier que vos pensées sont plus déchaînées, cela montre que *vous* êtes devenu plus calme : vous prenez finalement conscience de combien vos pensées ont toujours été bruyantes. Ne vous découragez pas, n'abandonnez pas. Quelle que soit la pensée qui s'élève, continuez simplement à demeurer présent à vous-même. Revenez constamment à votre respiration, même au beau milieu de la confusion.

2 septembre

Dans un ciel nocturne et sans nuages, la pleine lune,
« Reine des Etoiles », va se lever...
Le visage de mon seigneur compatissant, Padmasambhava,
M'attire vers lui, rayonnant d'une tendre bienvenue.

Je me réjouis de la mort bien davantage encore
Que ne se réjouissent les navigateurs à amasser d'immenses
fortunes sur les mers,
Ou que les seigneurs des dieux qui se vantent de leurs victoires
aux combats ;
Ou encore que ces sages qui sont entrés dans le ravissement de
l'absorption parfaite.
C'est pourquoi, tel un voyageur qui se met en route quand le
temps est venu de partir,
Je ne m'attarderai pas plus longtemps en ce monde ;
Mais irai demeurer dans la citadelle de la grande béatitude
de l'immortalité.

LE TESTAMENT ULTIME DE LONGCHENPA.

3 septembre

« La seule façon d'atteindre la libération et d'obtenir l'omniscience de l'état éveillé est de suivre un maître spirituel authentique. Il est le guide qui vous aidera à traverser l'océan du samsara.

« De même que le soleil et la lune sont réfléchis instantanément dans une eau limpide et calme, ainsi les bénédictions de tous les bouddhas sont-elles toujours présentes pour ceux qui ont en eux une confiance absolue. Les rayons du soleil atteignent toute chose uniformément ; c'est seulement lorsqu'ils sont concentrés à travers une loupe qu'ils peuvent mettre le feu à l'herbe sèche. Lorsque les rayons de la compassion du Bouddha, qui pénètrent toute chose, sont concentrés à travers la loupe de votre foi et de votre dévotion, alors la flamme de leurs bénédictions embrase votre être. »

DILGO KHYENTSÉ RINPOCHÉ.

4 septembre

Dudjom Rinpoché racontait souvent l'histoire d'un bandit très puissant qui sévissait en Inde. Après d'innombrables exactions, ce bandit prit conscience des souffrances terribles qu'il avait causées. Il désira ardemment trouver un moyen de se racheter et alla rendre visite à un maître célèbre. Il lui dit : « Je suis un pécheur, et cela me met au supplice. Comment m'en sortir ? Que puis-je faire ? »

Le maître regarda le bandit de la tête aux pieds et lui demanda ce qu'il savait faire.

« Rien, lui répondit celui-ci.

– Rien ? gronda le maître. Tu dois bien savoir faire quelque chose ! »

Le bandit resta silencieux un moment et finit par admettre : « C'est vrai, il y a bien quelque chose que je sais faire, c'est voler. »

Le maître eut un petit rire : « Très bien ; c'est exactement le talent dont tu vas avoir besoin maintenant. Rends-toi en un lieu tranquille et vole toutes les perceptions ; dérobe les étoiles et les planètes du ciel et dissous-les toutes dans le ventre de la vacuité, l'espace de la nature de l'esprit qui embrasse tout. »

Vingt et un jours plus tard, le bandit avait réalisé la nature de son esprit. Il fut, par la suite, considéré comme l'un des grands saints de l'Inde.

5 *septembre*

Lorsqu'une personne souffre et que vous ne savez absolument pas comment l'aider, mettez-vous sans hésiter à sa place. Imaginez aussi précisément que possible ce que *vous* ressentiriez si vous subissiez la même souffrance. Demandez-vous : « Comment me sentirais-je ? Quelle attitude voudrais-je que mes amis aient envers moi ? Qu'attendrais-je d'eux, par-dessus tout ? »

Lorsque vous vous mettez ainsi à la place d'autrui, vous transférez directement l'objet habituel de vos préoccupations – vous-même – sur un autre être. *Vous mettre à la place de l'autre* est un moyen très puissant de desserrer l'emprise qu'ont sur vous fixation égocentrique et amour de soi immodéré, et de libérer ainsi le cœur de votre compassion.

6 *septembre*

Quelle que soit la méthode de méditation utilisée, renoncez-y ou laissez-la simplement se dissiper d'elle-même, quand vous vous apercevez que vous êtes parvenu à un état de paix alerte, spacieux et vif. Libre de toute distraction, demeurez tranquillement dans cet état, sans employer de méthode particulière. La méthode a déjà atteint son but. Cependant, si jamais votre esprit s'égare, si vous devenez distrait, ayez recours à la technique qui vous semble la plus appropriée pour revenir à vous-même.

7 *septembre*

Nous nous demandons souvent : « Comment serai-je quand je mourrai ? » L'état d'esprit dans lequel nous nous trouvons *maintenant*, le genre de personne que nous sommes *maintenant*, voilà ce que nous serons au moment de la mort si nous ne changeons pas. C'est pourquoi il est tellement important d'employer *cette vie-ci* à purifier le courant de notre esprit, et par là même notre caractère et notre être fondamentaux, pendant qu'il est temps.

8 septembre

L'éveil est une réalité. Qui que nous soyons, nous pouvons réaliser la nature de l'esprit et découvrir en nous-mêmes ce qui est immortel et éternellement pur, si nous bénéficions des circonstances appropriées et de l'entraînement adéquat. C'est ce que nous promettent toutes les traditions mystiques du monde ; et c'est ce qui s'est réalisé et se réalise encore aujourd'hui pour des milliers d'êtres humains.

Cette promesse a ceci de remarquable qu'elle n'est ni exotique ni fantastique ; elle ne s'adresse pas à une élite mais à *l'ensemble de l'humanité*, et les maîtres nous disent que nous serons surpris de la trouver tout à fait ordinaire lorsque nous la réaliserons.

La vérité spirituelle n'est ni compliquée ni ésotérique, elle relève du simple bon sens. Quand vous réalisez la nature de l'esprit, les voiles de confusion disparaissent les uns après les autres. A vrai dire, vous ne « devenez » pas bouddha, vous cessez simplement, graduellement, d'être dans l'illusion. Un bouddha n'est pas une sorte de « surhomme » spirituel tout-puissant ; devenir bouddha, c'est devenir enfin un être humain *authentique*.

9 septembre

En récitant le mantra, offrez votre cœur et votre âme dans une dévotion fervente et concentrée, et laissez votre esprit s'immerger, se fondre dans l'esprit de Padmasambhava ou de votre maître.

Progressivement, vous sentirez que vous vous rapprochez de Padmasambhava et que la distance qui vous sépare de son esprit de sagesse s'amenuise peu à peu. Lentement, grâce à la bénédiction et au pouvoir de cette pratique, vous ferez réellement l'expérience de la transformation de votre esprit en l'esprit de sagesse de Padmasambhava et du maître ; vous commencerez à reconnaître leur indivisibilité. De même que si vous mettez votre doigt dans l'eau il sera mouillé, ou si vous le mettez dans le feu il sera brûlé, de même si vous remettez votre esprit en l'esprit de sagesse des bouddhas, il sera transformé en leur nature de sagesse.

En fait, votre esprit commence progressivement à être dans l'état de Rigpa, car la nature la plus profonde de l'esprit n'est autre que l'esprit de sagesse de tous les bouddhas. C'est comme si votre esprit ordinaire mourait et se dissolvait peu à peu, et que votre pure conscience claire, votre nature de bouddha, votre maître intérieur, étaient révélés. Voilà ce que le mot « bénédiction » signifie réellement : une transformation au cours de laquelle votre esprit transcende son état ordinaire pour atteindre l'absolu.

10 septembre

Pour quelle raison redoutons-nous la mort au point d'éviter à tout prix de la regarder en face ? Quelque part, très profondément, nous savons que nous ne pourrons pas toujours continuer à nous dérober ainsi devant elle. Nous savons, comme le disait Milarépa, que « cette chose appelée "cadavre" et qui nous fait si peur vit avec nous, ici et maintenant ».

11 septembre

La méditation a pour but d'éveiller en nous la nature semblable au ciel de notre esprit, de nous « introduire » à ce que nous sommes réellement : notre conscience pure et immuable, sous-jacente à la totalité de la vie et de la mort.

Dans l'immobilité et le silence de la méditation, nous entrevoyons, puis réintégrons cette nature profonde et secrète que nous avons perdue de vue depuis si longtemps, au milieu de l'effervescence et de la distraction de notre esprit.

12 septembre

Bien souvent, nous nous apercevons que nous aimons notre conjoint seulement quand nous réalisons que nous sommes en train de le perdre. Nous nous accrochons alors à lui ou à elle d'autant plus fort ; mais plus nous agissons de la sorte, plus il ou elle nous échappe et plus la relation devient fragile.

Nous désirons le bonheur. Pourtant, le plus souvent, la façon même dont nous le recherchons est si maladroite et si inexperte qu'elle nous cause seulement davantage de tourment. Nous supposons généralement qu'afin de l'obtenir, nous devons saisir l'objet qui, selon nous, assurera notre bonheur. Nous nous demandons comment il est possible d'apprécier quelque chose si nous ne pouvons le posséder. Combien nous confondons attachement et amour !

Même dans le cadre d'une relation heureuse, l'amour est dénaturé par l'attachement, avec son cortège d'insécurité, de possessivité et d'orgueil. Et puis, une fois l'amour parti, il ne nous reste plus que les souvenirs de l'amour, les cicatrices de l'attachement.

13 septembre

Nous disons au Tibet : « L'action négative possède une seule qualité : celle de pouvoir être purifiée. » Il y a donc toujours de l'espoir. Même les meurtriers et les criminels les plus endurcis peuvent se transformer et triompher du conditionnement qui les a poussés au crime. Notre condition présente, si nous savons l'utiliser avec habileté et sagesse, peut nous inspirer le désir de nous libérer de l'esclavage de la souffrance.

14 septembre

Lorsque vous aurez exploré les diverses traditions mystiques, choisissez un maître – homme ou femme – et suivez-le. S'engager sur le chemin spirituel est une chose ; trouver la patience et l'endurance, la sagesse, le courage et l'humilité de le parcourir jusqu'au bout en est une autre. Il se peut que vous ayez le karma vous permettant de rencontrer un maître, mais vous devrez ensuite créer le karma grâce auquel vous pourrez le suivre. Fort peu d'entre nous, en effet, savent comment suivre véritablement un maître, ce qui est un art en soi. Si grand que soit l'enseignement, ou le maître, l'essentiel est que vous trouviez en vous-même la perspicacité et l'habileté nécessaires pour apprendre à l'aimer et à le suivre.

15 septembre

Ce dont le monde a besoin plus que tout, c'est de ces serviteurs actifs de la paix que sont les bodhisattvas, « revêtus », dit Longchenpa, « de l'armure de la persévérance », dévoués à leur vision altruiste et à la diffusion de la sagesse dans tous les domaines de notre expérience. Nous avons besoin de bodhisattvas hommes de loi, de bodhisattvas artistes et hommes politiques, de bodhisattvas médecins et économistes, de bodhisattvas techniciens et ingénieurs, de bodhisattvas en tous lieux, œuvrant consciemment en tant que vecteurs de la compassion et de la sagesse, à tous les niveaux et dans toutes les classes de la société, œuvrant pour transformer leur esprit et leurs actions ainsi que ceux de leur prochain, œuvrant inlassablement – assurés du soutien des bouddhas et des êtres éveillés – pour la préservation de notre planète et pour un avenir plus clément.

16 septembre

Si votre esprit est capable de s'apaiser de lui-même et si vous vous sentez inspiré à demeurer simplement dans sa pure conscience claire, vous n'avez besoin d'aucune méthode de méditation. En fait, il serait même maladroit, dans cet état, de tenter d'en utiliser une. Cependant, pour la grande majorité d'entre nous, il est difficile de parvenir immédiatement à cet état. Nous ne savons tout simplement pas comment l'éveiller, et notre esprit est si indiscipliné et si distrait qu'il nous faut pour cela un moyen *habile*, une méthode.

Le terme « habile » signifie que vous conjuguez votre compréhension de la nature essentielle de l'esprit, d'une part à la connaissance de vos propres humeurs changeantes, et d'autre part au discernement que vous avez développé dans la pratique pour travailler sur vous-même d'instant en instant. En conjuguant ainsi ces trois aspects, vous apprenez l'art d'appliquer la méthode *appropriée* à chaque situation ou à chaque problème particulier, dans le but de transformer l'environnement de votre esprit.

17 septembre

Le roi Milinda demanda un jour au sage bouddhiste Nagaséna :

« Quand une personne renaît, est-elle identique à celle qui vient de mourir, ou différente ?

– Elle n'est pas identique, répond Nagaséna, et elle n'est pas différente... Dis-moi, si un homme allume une lampe, peut-elle brûler toute la nuit ?

– Oui.

– La flamme qui brûle dans la première veille de la nuit est-elle la même que celle qui brûle dans la deuxième veille... ou dans la dernière ?

– Non.

– Cela signifie-t-il qu'il y a une lampe dans la première veille, une autre dans la seconde, et encore une autre dans la troisième ?

– Non, c'est grâce à une seule lampe que la lumière brille toute la nuit.

– Il en va de même de la renaissance : un phénomène se produit et un autre cesse, simultanément. Ainsi, le premier acte de conscience dans la nouvelle existence n'est ni identique au dernier acte de conscience dans l'existence précédente, ni différent de lui. »

18 septembre

Il est important de toujours se rappeler ceci : le principe du non-ego ne signifie pas qu'un ego existait en premier lieu, et que les bouddhistes l'ont supprimé. Cela veut dire, au contraire, *qu'il n'y a jamais eu d'ego à l'origine*, que cet ego n'a jamais existé. Cette réalisation est appelée le « non-ego ».

19 septembre

Le Bouddha était un être humain comme vous et moi. Il ne s'est jamais attribué de statut divin ; il savait simplement qu'il possédait la nature de bouddha, le germe de l'éveil, et que tout être la possède également. La nature de bouddha est tout simplement le patrimoine de tout être sensible ; je dis souvent que « notre nature de bouddha est aussi parfaite que la nature de bouddha de n'importe quel bouddha ! ».

L'un des plus grands maîtres de Tonglen au Tibet était Géshé Chekhawa, qui vécut au XIe siècle. C'était un grand érudit et un maître accompli dans de nombreuses formes de méditation. Un jour qu'il se trouvait dans la chambre de son maître, il vit un livre ouvert sur ces deux lignes :

Tout profit et tout avantage, offre-les à autrui,
Toute perte et toute défaite, prends-les à ton compte.

La compassion immense, presque inimaginable, de ces vers le frappa vivement, et il se mit en quête du maître qui les avait écrits. Au cours de son voyage, il rencontra un lépreux qui lui dit que ce maître était mort. Mais Géshé Chekhawa persévéra et ses efforts soutenus furent récompensés lorsqu'il rencontra le disciple principal du maître défunt. Il lui demanda : « Quelle importance accordez-vous vraiment à l'enseignement contenu dans ces deux vers ? » Le disciple répondit : « Que cela vous plaise ou non, vous devrez pratiquer cet enseignement si vous voulez réellement atteindre l'état de bouddha. »

21 septembre

Le grand secret de la pratique de Tonglen est connu des maîtres spirituels et des saints de toutes les traditions. Le vivre et l'incarner, dans l'abandon et la ferveur d'une sagesse et d'une compassion véritables, est ce qui emplit de joie leur existence. Une figure contemporaine qui a consacré sa vie au service des malades et des mourants et qui rayonne cette joie de « donner et recevoir » est Mère Teresa. Je ne connais pas de déclaration plus inspirante à propos de l'essence spirituelle de Tonglen que ses paroles :

> « Nous avons tous l'ardent désir d'être avec Dieu dans son royaume, mais il est en notre pouvoir d'être dans son royaume avec Lui en cet instant. Cependant, être heureux avec Lui maintenant signifie :

Aimer comme Il aime,
Aider comme Il aide,
Donner comme Il donne,
Servir comme Il sert,
Sauver comme Il sauve,
Etre avec Lui chaque heure et chaque seconde,
Le rejoindre là où Il a pris les apparences de la détresse. »

22 *septembre*

Tout peut devenir une invitation à la méditation : un sourire, un visage aperçu dans le métro, la vue d'une petite fleur poussant dans l'interstice d'un trottoir, une cascade d'étoffe chatoyante dans une vitrine, un rayon de soleil illuminant des fleurs sur le rebord d'une fenêtre. Soyez à l'affût de chaque manifestation de beauté et de grâce. Offrez chaque joie, soyez à tout moment attentif au « message émanant sans cesse du silence ».

Lentement, vous deviendrez maître de votre propre félicité, alchimiste de votre propre joie, ayant toutes sortes de remèdes à portée de main pour élever, égayer, éclairer et inspirer chacune de vos respirations et chacun de vos mouvements.

23 septembre

« Tous les êtres ont vécu, sont morts et sont nés à nouveau un nombre incalculable de fois. Ils ont fait, maintes
et maintes fois, l'expérience de l'indicible Claire Lumière.
Mais parce que l'obscurité de l'ignorance voile leur esprit,
ils errent sans fin dans un samsara sans limites. »

PADMASAMBHAVA.

24 septembre

Le bouddhisme distingue six mondes ou royaumes d'existence : le monde des dieux, des demi-dieux, des humains, des animaux, des esprits avides et des enfers. Chacun d'eux est le résultat de l'une des six émotions négatives prédominantes : l'orgueil, la jalousie, le désir, l'ignorance, l'avidité et la colère.

Si nous observons le monde qui nous entoure ou si nous regardons notre propre esprit, nous constatons que ces six mondes existent bel et bien. Ils existent dans la façon dont nous laissons inconsciemment nos émotions négatives projeter et cristalliser des univers entiers autour de nous, et définir le style, la forme, l'atmosphère et le contexte de notre vie dans ces mondes. Les six mondes existent aussi intérieurement, comme les graines et les tendances des diverses émotions négatives au sein de notre système psychophysiologique, toujours prêtes à germer et à croître selon les influences qu'elles subissent et la manière dont nous choisissons de vivre.

25 septembre

Lorsque nous avons réellement appréhendé la loi du karma dans toute sa force inexorable et ses répercussions complexes au cours de vies innombrables ; lorsque nous avons compris comment la fixation égocentrique et l'amour de soi immodéré nous ont pris à maintes reprises, vie après vie, dans un filet d'ignorance qui semble se resserrer toujours davantage sur nous ; lorsque nous avons réellement compris que les calculs de l'esprit égocentrique, de par leur nature même, nous mettent en danger et sont voués à l'échec ; lorsque nous avons véritablement déjoué ses stratagèmes jusque dans leurs recoins les plus subtils ; lorsque, enfin, nous avons compris à quel point nos actions et notre esprit ordinaires sont déterminés, limités et obscurcis par cette fixation, comment celle-ci nous interdit presque de découvrir en nous le cœur de l'amour inconditionnel et comment elle a bloqué toutes les sources d'amour et de compassion véritables, alors vient un moment où nous comprenons, dans un éclair de lucidité intense et poignante, ces paroles de Shantideva :

> *Si tous les maux,*
> *Les peurs et les souffrances du monde*
> *Naissent de l'attachement à soi-même,*
> *Qu'ai-je besoin de cet esprit malin ?*

C'est ainsi que s'éveille en nous la détermination de détruire cet « esprit malin », notre plus grand ennemi. Lorsque celui-ci meurt, la cause de toute notre souffrance est supprimée et notre vraie nature peut rayonner dans toute son ampleur et sa générosité dynamique.

26 septembre

Reconnaître la nature de l'esprit, c'est susciter dans le fondement même de votre être une compréhension qui transformera votre vision du monde et vous aidera à découvrir et à développer, naturellement et spontanément, le désir plein de compassion de venir en aide à tous les êtres, en même temps qu'une connaissance directe de la façon dont vous pouvez le mieux y parvenir – avec l'habileté et l'aptitude qui sont les vôtres – et quelles que soient les circonstances dans lesquelles vous vous trouvez.

27 septembre

Pour stabiliser la Vue dans la méditation, les maîtres insistent sur la nécessité d'effectuer tout d'abord cette pratique dans l'*environnement spécial* d'une retraite où toutes les conditions propices sont réunies. Au milieu des distractions et de l'effervescence du monde moderne, l'expérience véritable ne naîtra pas dans votre esprit, quel que soit le temps que vous passiez à méditer.

Deuxièmement, bien que le Dzogchen ne fasse aucune différence entre la méditation et la vie de tous les jours, tant que vous n'aurez pas trouvé de réelle stabilité par des *sessions régulières* de pratique formelle, vous ne serez pas capable d'intégrer la sagesse de la méditation dans l'expérience de votre vie quotidienne.

Troisièmement, même si, pendant la pratique, vous pouvez maintenir le flux constant de Rigpa avec la confiance de la Vue, si vous n'êtes pas capable de demeurer dans cet état *en tout temps et dans toute situation* et de mêler votre pratique à la vie de tous les jours, la pratique ne vous sera d'aucun secours lorsque des circonstances défavorables surgiront, et vos pensées et vos émotions vous égareront alors dans l'illusion.

28 septembre

Selon le Dzogchen, toutes les apparences possibles, tous les phénomènes possibles, à tous les différents niveaux de réalité – samsara et nirvana – ont, sans exception, toujours été parfaits et complets et le demeureront à jamais, au sein de l'étendue vaste et sans limite de la nature de l'esprit. Mais si l'essence de toute chose est vide et « pure depuis le commencement », sa nature est riche de nobles qualités et de possibilités infinies ; c'est le champ illimité, toujours spontané et parfait, d'une créativité dynamique et incessante.

29 septembre

Quand vous êtes fort et en bonne santé,
Vous ne pensez pas à la maladie qui peut survenir
Mais elle vous frappe
Avec la force soudaine de l'éclair.

Engagé dans les affaires du monde,
Vous ne pensez pas à l'approche de la mort ;
Rapide, elle surgit, comme l'orage
Qui éclate sur votre tête.

MILARÉPA.

30 *septembre*

Il y a, dans la posture que nous prenons en méditation, une étincelle d'espoir, un humour enjoué, inspiré par la compréhension secrète que nous possédons tous la nature de bouddha. Ainsi, lorsque vous prenez cette posture, vous imitez avec légèreté le bouddha, reconnaissant votre propre nature de bouddha et l'encourageant réellement à se manifester. Vous commencez à éprouver du respect pour vous-même en tant que bouddha potentiel.

En même temps, vous reconnaissez encore votre condition relative. Mais puisque vous vous êtes laissé inspirer par une confiance joyeuse en votre propre nature de bouddha, *il vous est plus facile d'accepter vos aspects négatifs*, et vous pouvez vous en accommoder avec davantage de bienveillance et d'humour.

Lorsque vous méditez, invitez-vous à ressentir l'estime de soi, la dignité, l'humilité et la force du bouddha que vous êtes. Je dis souvent qu'il suffit de se laisser inspirer par cette confiance pleine de joie, car la méditation s'élèvera ainsi spontanément.

DZOGCHEN

Le cœur des enseignements de tous les bouddhas.

Dans cette guerre contre votre plus grand ennemi – la fixation égocentrique et l'amour de soi immodéré – vous ne pourrez trouver de meilleure alliée que la pratique de la compassion. C'est la compassion, le fait de se dédier aux autres et de prendre sur soi leur souffrance au lieu de se chérir soi-même qui, unie à la sagesse du non-ego, détruit le plus efficacement et le plus complètement cet ancien attachement à un soi erroné, cause de notre errance sans fin dans le samsara. Voilà pourquoi, dans notre tradition, nous considérons la compassion comme la source et l'essence de l'éveil, comme le cœur de l'action éveillée.

2 octobre

Dans les instructions anciennes sur la méditation, il est dit qu'au début les pensées se précipitent les unes après les autres, sans interruption, comme une cascade dévalant la pente escarpée d'une montagne. A mesure que vous progressez dans la pratique de la méditation, les pensées deviennent semblables à un torrent coulant dans une gorge profonde et étroite, puis à un fleuve déroulant lentement ses méandres jusqu'à la mer. Enfin, l'esprit ressemble à un océan calme et serein que trouble seulement de temps à autre une ride, ou une vague.

3 octobre

Nous devons nous secouer de temps à autre et nous interroger sérieusement : « Et si je devais mourir cette nuit ? Qu'adviendrait-il alors ? » Nous ignorons si nous nous réveillerons demain, et en quel lieu. Si l'on expire et que l'on ne peut plus inspirer, la mort survient. C'est aussi simple que cela.

Comme le dit un proverbe tibétain : « Demain ou la prochaine vie – on ne sait jamais ce qui, des deux, viendra en premier. »

4 octobre

Il est dit que lorsque le Bouddha parvint à l'illumination, son seul souhait fut de montrer au reste du monde la nature de l'esprit, et de partager la totalité de ce qu'il avait réalisé. Mais, en même temps, dans son infinie compassion, il vit avec tristesse combien cela nous serait difficile à comprendre.

En effet, bien que notre nature intérieure soit identique à celle du Bouddha, nous ne l'avons pas reconnue car elle demeure enclose, enfouie au plus profond de notre esprit individuel ordinaire.

Imaginez un vase vide : l'espace intérieur est exactement identique à l'espace extérieur ; seules les parois fragiles du vase les séparent l'un de l'autre. De la même façon, notre esprit de bouddha est enclos à l'intérieur des parois de notre esprit ordinaire. Mais, lorsque nous atteignons l'éveil, c'est comme si le vase se brisait. L'espace « intérieur » se mêle instantanément à l'espace « extérieur », devenant un. Nous réalisons à cet instant que les deux espaces n'ont jamais été séparés ni différents l'un de l'autre, mais *ont toujours été semblables.*

5 octobre

Tous les guides spirituels de l'humanité nous ont transmis le même message, à savoir que le but de notre vie sur terre est de nous unir à notre nature éveillée fondamentale. Il est dit dans les Upanishads :

Il y a la voie de la Sagesse et la voie de l'Ignorance,
Comme elles sont écartées, opposées, divergentes...
Les insensés, demeurant au sein de l'Ignorance,
Estiment être savants et sages.
Dans leur égarement, ils errent de-ci de-là,
Comme des aveugles que mènent d'autres aveugles.
Ce qui est au-delà de la vie n'apparaît pas à l'esprit futile,
A l'insouciant ou à celui que les richesses égarent.

6 octobre

Une autre technique pour éveiller la compassion envers une personne souffrante est d'imaginer l'un de vos amis les plus chers, ou quelqu'un que vous aimez sincèrement, à la place de cette personne.

Imaginez votre frère, votre fille, un de vos parents ou votre meilleur ami dans la même situation douloureuse. Tout naturellement, votre cœur s'ouvrira et la compassion naîtra en vous : que pourriez-vous souhaiter d'autre que les voir libérés de leur tourment ? Dirigez à présent la compassion ainsi éveillée dans votre cœur vers la personne qui a besoin de votre aide ; vous découvrirez que cette aide vous vient plus naturellement et qu'il vous est plus aisé de la diriger.

7 octobre

La gloire de la méditation n'est pas le fait d'une méthode particulière, mais de l'expérience continuellement renouvelée de présence à soi-même, dans la félicité, la clarté, la paix et, par-dessus tout, dans l'absence totale de saisie.

Lorsque la saisie diminue en vous, cela montre que vous êtes moins prisonnier de vous-même. Plus vous ferez l'expérience de cette liberté, plus il deviendra manifeste que l'ego est en train de disparaître, et avec lui les espoirs et les peurs qui le maintenaient en vie, et plus vous vous rapprochez de la « sagesse de l'état sans ego », d'une générosité infinie. Quand vous vivrez dans cette « demeure de sagesse », vous ne percevrez plus de frontière entre le « je » et le « vous », entre « ceci » et « cela », « l'intérieur » et « l'extérieur ». Vous aurez finalement atteint votre vraie demeure, l'état de non-dualité.

8 octobre

Je me souviens d'une Américaine d'un certain âge qui était venue voir Dudjom Rinpoché à New York en 1976. Cette femme pénétra dans la pièce, s'assit en face de lui et déclara précipitamment : « Mon docteur ne me donne que quelques mois à vivre. Pouvez-vous m'aider ? Je suis en train de mourir. »

A son étonnement, Dudjom Rinpoché eut un petit rire empli de douceur et de compassion, puis il dit tranquillement : « Voyez-vous, nous sommes tous en train de mourir, ce n'est qu'une question de temps. Certains d'entre nous meurent simplement plus tôt que d'autres. »

Par ces quelques mots, il l'aida à reconnaître le caractère universel de la mort et lui montra que l'imminence de la sienne n'était en rien exceptionnelle. Cela atténua son angoisse. Il parla alors du processus de la mort, de l'acceptation de cette mort et de l'espoir qui y est contenu. Pour finir, il lui donna une pratique de guérison qu'elle suivit avec enthousiasme. Cette femme en vint non seulement à accepter la mort, mais, ayant suivi scrupuleusement les instructions reçues, elle recouvra la santé.

9 octobre

L'une des plus grandes traditions bouddhistes décrit la nature de l'esprit comme « la sagesse de l'ordinaire ». Je ne le dirai jamais assez : notre véritable nature, la nature de tous les êtres, n'est pas extraordinaire.

Paradoxalement, c'est ce monde soi-disant ordinaire qui est extraordinaire, une hallucination fantastique et complexe provoquée par la vision trompeuse du samsara. C'est cette vision « extraordinaire » qui nous rend aveugles à la nature « ordinaire », inhérente et naturelle de notre esprit. Imaginez que les bouddhas abaissent les yeux sur nous aujourd'hui : quelle tristesse, quel étonnement seraient les leurs devant l'ingéniosité et la complexité fatales de notre confusion !

Il y avait un yogi Dzogchen qui vivait sans ostentation, entouré cependant de nombreux disciples. Un certain moine, qui avait une très haute idée de son savoir et de son érudition, était jaloux du yogi qu'il savait être peu cultivé. Il pensait : « Comment lui, un simple être ordinaire, ose-t-il enseigner ? Comment peut-il avoir la prétention d'être un maître ? Je vais mettre son savoir à l'épreuve, dévoiler son imposture et l'humilier devant ses disciples ; alors ils le quitteront, et c'est moi qu'ils suivront. »

Il alla donc rendre visite au yogi et lui dit d'un ton méprisant : « Vous autres, gens du Dzogchen, que savez-vous faire *à part* méditer ? »

La réponse du yogi le prit complètement par surprise :

« Sur quoi pourrait-on bien méditer ?

– Alors, vous ne méditez même pas ? brailla l'érudit, triomphant.

– Mais suis-je *jamais* distrait ? » demanda le yogi.

11 octobre

N'est-il pas étonnant que notre esprit ne puisse rester en paix plus de quelques instants, sans s'emparer immédiatement de la moindre distraction ? Il est tellement agité et préoccupé que nous, habitants des grandes métropoles du monde moderne, ressemblons déjà, à mon sens, aux êtres tourmentés de l'état intermédiaire qui suit la mort : la conscience y est, dit-on, en proie au tourment intense d'une agitation extrême.

Nous sommes fragmentés en une multitude d'aspects différents. Nous ne savons pas qui nous sommes vraiment, ni à quelles facettes de nous-mêmes nous devons croire ou nous identifier. Tant de voix contradictoires, tant d'exigences et de sentiments se disputent le contrôle de notre vie intérieure que nous nous trouvons complètement dispersés... et notre demeure reste vide.

Ainsi, la méditation consiste à ramener l'esprit à sa demeure.

12 octobre

« Ce que vous êtes est ce que vous avez été, disait le Bouddha, ce que vous serez est ce que vous faites maintenant. » Padmasambhava développait cette idée : « Si vous désirez connaître votre vie passée, examinez votre condition présente ; si c'est votre vie future que vous désirez connaître, examinez vos actions présentes. »

13 octobre

Lorsque les enseignements provoquent un déclic quelque part au plus profond de votre cœur et de votre esprit, vous avez alors réellement la Vue.

Quelles que soient les difficultés auxquelles vous serez confronté, vous vous découvrirez une sorte de sérénité, de stabilité et de compréhension, et un mécanisme intérieur – un « transformateur intérieur », pourrait-on dire – qui travaille pour vous protéger des vues erronées. Dans cette Vue, vous aurez découvert votre propre « guide de sagesse », toujours là pour vous conseiller, vous soutenir et vous rappeler la vérité. La confusion s'élèvera encore, ce qui est normal, mais avec cette différence radicale : vous ne serez plus focalisé sur elle de façon aveugle et obsessionnelle, mais la considérerez avec humour, recul et compassion.

14 octobre

La peur, éveillée en nous par l'impermanence, que rien
ne soit réel et que rien ne dure, se révèle, en fait, notre
meilleure amie car elle nous pousse à nous poser la question suivante : si tout change et meurt, qu'y a-t-il de vrai,
réellement ? Existe-t-il quelque chose *derrière* les apparences ? Existe-t-il quelque chose sur quoi nous puissions
compter et qui survive à ce que nous appelons la mort ?

Si nous examinons ces questions en y réfléchissant
avec diligence, nous serons peu à peu conduits à modifier profondément notre façon de voir le monde. Nous
en viendrons à découvrir « cela » en nous-mêmes qui,
nous commencerons à le comprendre, est sous-jacent à
tous les changements et à toutes les morts du monde.

Durant ce processus, nous aurons à maintes reprises
des aperçus lumineux sur les vastes implications sous-
jacentes à la vérité de l'impermanence. Nous découvri-
rons une profondeur de paix, de joie et de confiance en
nous-mêmes, qui nous émerveillera et engendrera graduellement la certitude qu'il existe en nous « quelque
chose » que rien ne peut détruire ou altérer, et qui ne
peut mourir.

15 octobre

Tout ce qui nous arrive aujourd'hui est le reflet de notre karma passé. Si nous admettons cela, si nous en sommes profondément convaincus, nous cesserons de considérer les souffrances et les difficultés qui surviennent comme un échec ou une tragédie, et nous n'interpréterons pas la douleur comme une punition. Nous cesserons de nous en prendre à nous-mêmes ou de nous complaire dans la haine de soi.

Nous percevrons la douleur que nous subissons comme l'accomplissement de certaines conséquences, le fruit d'un karma passé. Les Tibétains disent que la souffrance est « un coup de balai qui nettoie tout notre karma négatif ». Nous pouvons même nous montrer reconnaissants qu'un karma s'achève. La « chance », fruit d'un bon karma, peut disparaître rapidement si nous n'en faisons pas bon usage ; l'« infortune », résultat d'un karma négatif, peut au contraire nous offrir une merveilleuse occasion de progresser.

16 octobre

« Un jour, quand nous aurons maîtrisé les vents, les vagues, les marées et la pesanteur... nous exploiterons... l'énergie de l'amour. Alors, pour la deuxième fois dans l'histoire du monde, l'homme aura découvert le feu. »

TEILHARD DE CHARDIN.

17 octobre

La croyance en la réincarnation nous montre qu'il existe bien dans l'univers une certaine forme de justice ou de bonté ultime. C'est cette bonté que nous nous efforçons tous de découvrir et de libérer en nous. Chaque acte positif nous en rapproche, chaque acte négatif la masque et l'entrave. Chaque fois que nous ne parvenons pas à l'exprimer dans notre vie et dans nos actes, nous nous sentons malheureux et frustrés.

18 octobre

Les maîtres nous donnent le conseil suivant : la voie qui permet de découvrir la liberté née de la sagesse du non-ego passe par le processus de l'écoute et de « l'entente », de la contemplation et de la réflexion, et de la méditation. Ils nous recommandent de commencer par *écouter* fréquemment les enseignements spirituels. Lorsque nous les écoutons, ceux-ci ne cessent de nous rappeler notre nature secrète de sagesse.

Peu à peu, à mesure que nous écouterons les enseignements, certains passages, certains aperçus feront vibrer en nous une corde étrange. Des souvenirs de notre nature véritable commenceront à revenir par bribes et, lentement, s'éveillera en nous un sentiment profond de « chez soi », étrangement familier.

19 octobre

Souvenez-vous de ceci : la méthode n'est qu'un moyen, et *non* la méditation elle-même. C'est en utilisant la méthode avec habileté que vous parviendrez à la perfection de cet *état pur de présence totale* qu'est la méditation authentique.

Un proverbe tibétain dit : « *Gompa ma yin, kompa yin* », ce qui signifie littéralement : « "La méditation" n'est pas ; "s'y habituer" est. »

Cela veut dire que la méditation n'est rien d'autre que s'habituer à la *pratique* de la méditation. Il est dit aussi : « La méditation n'est pas un effort, mais une assimilation naturelle et progressive. » A mesure que vous pratiquez la méthode, la méditation s'élève peu à peu. La méditation n'est pas une chose que vous pouvez « faire », mais elle doit se produire spontanément une fois que vous avez parfait la pratique.

20 octobre

Si nous décidions de suivre une puissante et unique méthode de sagesse et de travailler directement avec elle, une réelle possibilité d'atteindre l'éveil s'offrirait à nous.

Notre esprit, cependant, est assailli de doutes qui le plongent dans la confusion. Il m'arrive de penser que, plus encore que le désir et l'attachement, c'est le doute qui constitue l'obstacle majeur à l'évolution humaine. Notre société encourage l'ingéniosité aux dépens de la sagesse et exalte les aspects de l'intelligence qui sont les plus superficiels, les plus durs et les moins utiles. Nous sommes devenus si névrosés et si faussement sophistiqués que nous prenons le doute pour la vérité. Celui-ci est déifié comme le but et le fruit de la connaissance véritable, alors qu'il n'est rien de plus que la tentative désespérée de l'ego pour se défendre de la sagesse.

Cette forme de doute borné est le piètre empereur du samsara. Il est servi par toute une troupe d'« experts » qui nous enseignent non pas le doute généreux et ouvert – indispensable, nous dit le Bouddha, si nous voulons examiner et mettre à l'épreuve la valeur des enseignements – mais une forme de doute destructrice, qui ne nous laisse aucune croyance, aucun espoir, aucune valeur pour guider notre vie.

21 octobre

Tant de voiles et d'illusions nous séparent de la connaissance abrupte de l'imminence de notre propre mort. Lorsque, enfin, nous réalisons que nous sommes en train de mourir et qu'il en est de même pour tous les êtres sensibles, nous commençons à éprouver le sentiment aigu, presque déchirant, de la fragilité et de la valeur inestimable que revêtent chaque moment et chaque être. Cette réalisation peut engendrer une compassion profonde, lucide et illimitée pour tous les êtres.

J'ai entendu dire que Sir Thomas More écrivit ces mots quelques instants avant d'être décapité : « Nous sommes tous dans la même charrette en route vers l'exécution ; comment pourrais-je haïr quiconque ou lui souhaiter du mal ? » Ressentir pleinement votre condition mortelle, ouvrir entièrement votre cœur à ce sentiment, c'est permettre que grandisse en vous une compassion courageuse et universelle, véritable force motrice dans la vie de toute personne réellement désireuse d'aider les autres.

22 octobre

Qu'est-ce qu'un grand pratiquant spirituel ? C'est une personne qui vit constamment dans la présence de son être véritable, qui a trouvé la source d'une inspiration profonde et s'y abreuve continuellement. Ainsi que l'écrivait l'auteur anglais contemporain Lewis Thompson : « Le Christ, poète suprême, a vécu la vérité si passionnément que chacun de ses gestes, à la fois Acte pur et Symbole parfait, incarne le transcendant. »

Incarner le transcendant est notre raison d'être en ce monde.

23 octobre

Lorsque de menus obstacles surgissent sur le chemin spirituel, un bon pratiquant ne perd pas la foi et ne commence pas à douter ; il a le discernement qui lui permet de reconnaître les difficultés, quelles qu'elles soient, pour ce qu'elles sont : de simples obstacles, rien de plus. Il est dans la nature des choses que, dès lors qu'on reconnaît un obstacle comme tel, il cesse par là même d'être un obstacle. De même, si vous ne reconnaissez pas un obstacle pour ce qu'il est et le prenez par conséquent au sérieux, il se trouve renforcé et solidifié, et devient un blocage réel.

24 octobre

La qualité de vie dans le monde des dieux peut paraître supérieure à la nôtre. Et pourtant, les maîtres nous disent que la vie humaine a infiniment plus de valeur. Pourquoi ? Précisément parce que nous sommes doués de conscience et d'intelligence, qui sont les matières premières de l'éveil, et que la souffrance même qui règne partout dans le monde humain est l'aiguillon de la transformation spirituelle.

La douleur, le chagrin, la perte, les frustrations incessantes de toutes sortes sont là dans un but réel et crucial : nous réveiller, nous aider, et presque nous obliger à échapper au cycle du samsara et à libérer ainsi notre splendeur emprisonnée.

25 octobre

J'ai souvent été intrigué en entendant certains maîtres bouddhistes de ma connaissance poser cette simple question à ceux qui venaient leur demander un enseignement : « Croyez-vous en une vie après celle-ci ? » La question n'est pas de savoir s'ils y croient en tant que proposition philosophique, mais s'ils le ressentent profondément dans leur cœur. Le maître sait que ceux qui croient en une vie après celle-ci envisageront leur existence de façon foncièrement différente, éprouvant un sentiment aigu de leur responsabilité et ressentant la nécessité d'une morale personnelle. Les maîtres pressentent sans doute le danger que les gens qui ne sont pas fermement convaincus de l'existence d'une vie après celle-ci créent une société polarisée sur des résultats à court terme, sans guère se soucier des conséquences de leurs actions.

N'est-ce pas la raison principale qui nous a amenés à créer le monde dans lequel nous vivons aujourd'hui, ce monde où l'on rencontre si peu de compassion véritable ?

26 octobre

Ressentir la présence vivante de Bouddha, de Padmasambhava, de votre maître, et vous ouvrir simplement
à la personnification de la vérité, a réellement pour effet
de bénir et de transformer votre esprit. Lorsque vous invo-
quez le Bouddha, votre propre nature de bouddha est inci-
tée à s'éveiller et à s'épanouir, aussi naturellement qu'une
fleur aux rayons du soleil.

27 octobre

Dilgo Khyentsé Rinpoché décrit un yogi flânant dans un jardin. Il est pleinement sensible à la magnificence des fleurs ; leurs couleurs, leurs formes et leurs parfums le réjouissent. Mais il n'y a nulle trace dans son esprit d'une quelconque saisie ou d'un quelconque commentaire mental.

Comme le dit Dudjom Rinpoché :

« Quelles que soient les perceptions qui s'élèvent, soyez comme un petit enfant qui entre dans un temple magnifiquement décoré : il regarde, mais sa perception est dénuée de toute saisie. Laissez toute chose intacte dans sa fraîcheur, son naturel, son éclat et sa nature immaculés. Quand vous la laissez dans son état originel, sa forme ne change pas, sa couleur ne s'affadit pas et son éclat ne se ternit pas. Ce qui apparaît n'est souillé d'aucun attachement ; ainsi, tout ce que vous percevez s'élève comme la sagesse nue de Rigpa, l'union indivisible de la luminosité et de la vacuité. »

28 octobre

Les choses ne seront jamais parfaites. Comment pourraient-elles l'être ? Nous sommes toujours dans le samsara. Même lorsque vous aurez choisi votre maître et que vous suivrez les enseignements avec toute la sincérité dont vous êtes capable, vous rencontrerez des difficultés et des frustrations, des contradictions et des imperfections. Ne succombez pas aux obstacles ou aux difficultés mineurs. Ils ne sont souvent que les émotions puériles de l'ego. Ne les laissez pas vous aveugler sur la valeur essentielle et stable de ce que vous avez choisi. Ne laissez pas l'impatience vous détourner de votre engagement envers la vérité.

Combien de fois ai-je été attristé de voir le nombre de personnes qui, venues à un enseignement ou à un maître avec un enthousiasme prometteur, perdaient courage dès que des obstacles insignifiants et inévitables s'élevaient, pour rechuter dans le samsara et dans leurs vieilles habitudes, gaspillant ainsi des années, voire une vie entière.

29 octobre

La compassion n'est pas authentique si elle n'est pas active. Dans l'iconographie tibétaine, Avalokiteshvara, le Bouddha de la Compassion, est souvent représenté avec mille yeux qui perçoivent la souffrance dans tous les recoins de l'univers et mille bras qui se déploient vers chacun de ces recoins pour apporter partout son aide.

Quand vous méditez, respirez normalement, comme à l'accoutumée.

Portez légèrement votre attention sur l'expiration. Chaque fois que vous expirez, laissez-vous porter par le souffle. A chaque expiration, vous lâchez prise et abandonnez toute saisie. Imaginez que votre souffle se dissout dans l'espace de vérité qui pénètre tout.

Chaque fois que vous expirez, et avant l'inspiration suivante, vous découvrez qu'il existe un intervalle naturel, une fois la saisie dissoute.

Reposez-vous dans cette brèche, dans cet espace libre. Et lorsque vous inspirez naturellement, n'accordez pas à l'inspiration une attention particulière, mais permettez plutôt à votre esprit de demeurer en paix dans l'intervalle ainsi révélé.

31 octobre

Les enseignements nous montrent avec précision ce qui se passera si nous nous préparons à la mort, et ce qui adviendra dans le cas contraire. Le choix ne saurait être plus clair. Si nous refusons d'accepter la réalité de la mort aujourd'hui, alors que nous sommes encore en vie, nous le paierons chèrement, non seulement tout au long de notre existence, mais aussi au moment de la mort et ensuite. Ce refus aura pour conséquence de gâcher cette vie et toutes celles à venir.

Nous serons incapables de vivre notre existence pleinement ; nous demeurerons prisonniers, précisément, de cet aspect de nous-mêmes qui doit mourir. Cette ignorance nous privera de la base même du voyage vers l'éveil et nous retiendra sans fin dans le royaume de l'illusion, le cycle incontrôlé de la vie et de la mort, cet océan de souffrance que nous, bouddhistes, appelons *samsara*.

HŪṂ

L'esprit de sagesse de tous les bouddhas

1ᵉʳ novembre

Prendre la vie au sérieux ne signifie pas se consacrer entièrement à la méditation comme si nous vivions dans les
montagnes himalayennes, ou jadis au Tibet. Dans le
monde contemporain, il nous faut certes travailler pour
gagner notre vie. Pourtant, ce n'est pas une raison pour
nous laisser enchaîner à une existence routinière, sans
aucune perspective du sens profond de la vie.

Notre tâche est de trouver un équilibre, une voie du
juste milieu. Apprenons à ne pas nous surcharger d'activités et de préoccupations superflues mais, au contraire,
à simplifier notre vie toujours davantage. *La clé nous permettant de trouver un juste équilibre dans notre vie moderne
est la simplicité.*

2 novembre

Est-il besoin d'en dire plus ?
Les naïfs œuvrent à leur propre bien,
Les bouddhas œuvrent au bien d'autrui :
Voyez la différence qui les sépare.

Si je n'échange pas mon bonheur
Contre la souffrance d'autrui,
Je n'atteindrai pas l'état de bouddha
Et, même dans le samsara, ne connaîtrai aucune joie véritable.

SHANTIDÉVA.

3 novembre

Il est important, quand vous pratiquez la méditation, de ne pas vous laisser entraîner à un commentaire mental, ni à une analyse ou à un bavardage intérieur. Ne confondez pas le commentaire mental de votre esprit – « maintenant j'inspire, maintenant j'expire » – avec l'attention. Ce qui compte, c'est la pure présence.

Ne vous concentrez pas trop intensément sur la respiration ; accordez-lui à peu près vingt-cinq pour cent de votre attention, laissant les soixante-quinze pour cent restants dans une détente calme et spacieuse. A mesure que votre respiration deviendra plus consciente, vous serez davantage présent ; vous rassemblerez tous les aspects fragmentés de vous-même et trouverez la plénitude.

4 novembre

Le message essentiel que nous livrent les enseignements bouddhistes est qu'il existe un espoir immense, dans la vie comme dans la mort, à condition que nous nous y soyons préparés. Ces enseignements nous révèlent qu'une liberté prodigieuse, et finalement sans limites, est possible, qu'il nous appartient d'y travailler dès maintenant, durant notre vie ; une liberté qui nous permettra de choisir notre mort et, par conséquent, de choisir notre renaissance.

Pour celui qui s'est préparé et s'est engagé dans une pratique spirituelle, la mort arrive non comme une défaite mais comme une victoire, devenant ainsi le moment le plus glorieux de la vie, son couronnement.

5 novembre

La génération de la Bodhicitta

Ho ! Hypnotisés par l'infinie variété des perceptions, semblables
aux reflets illusoires de la lune dans l'eau,
Les êtres errent sans fin, égarés dans le cercle vicieux du
samsara.
Afin qu'ils puissent trouver aise et bien-être dans la luminosité
et l'espace illimité de la vraie nature de leur esprit,
Je donne naissance à l'amour, la compassion, la joie et
l'équanimité incommensurables de l'esprit d'éveil, le cœur
de la Bodhicitta.

JIGMÉ LINGPA.

6 novembre

Notre nature de bouddha a un aspect actif, qui est notre « maître intérieur ». Dès l'instant même où notre nature a été obscurcie, ce « maître intérieur » a infatigablement œuvré pour nous, s'efforçant inlassablement de nous ramener au rayonnement et à l'espace de notre être véritable. Jamais, disait Jamyang Khyentsé, ce maître intérieur n'a désespéré de nous une seule seconde. Dans sa compassion infinie, ne faisant qu'une avec la compassion infinie de tous les bouddhas et de tous les êtres éveillés, il a travaillé sans relâche à notre évolution – non seulement dans cette vie-ci mais également dans toutes nos vies passées – usant de toutes sortes de moyens habiles et de situations afin de nous instruire, nous éveiller et nous ramener à la vérité.

7 novembre

Est-il vraiment si difficile de percevoir l'action du karma ? Il nous suffit de regarder en arrière : n'est-il pas évident que les conséquences de certains de nos actes ont affecté notre vie ? Lorsque nous avons contrarié ou blessé quelqu'un, cela ne s'est-il pas retourné contre nous ? Ne nous en est-il pas resté un souvenir amer et sombre, et le spectre du dégoût de soi ?

Ce souvenir, ce spectre, est le karma. Nos habitudes et nos peurs sont aussi imputables au karma ; elles sont la conséquence de nos actions, paroles et pensées d'autrefois. Si nous examinons nos actions de près et leur prêtons véritablement attention, nous nous apercevrons qu'elles se reproduisent selon un schéma répétitif. *Tout acte négatif nous conduit à la douleur et à la souffrance ; tout acte positif appelle, tôt ou tard, le bonheur.*

8 novembre

Pour survivre sur le chemin spirituel, nous avons de nombreux défis à relever... et beaucoup à apprendre. Nous devons découvrir comment déjouer les obstacles et les difficultés, comment venir à bout des doutes et démasquer les vues erronées, comment trouver l'inspiration lorsque nous nous y sentons le moins disposés, comment nous comprendre, nous-mêmes et nos états d'âme, comment travailler réellement avec les enseignements et les pratiques et les intégrer dans notre vie quotidienne, comment éveiller la compassion et la mettre en pratique, et comment transformer notre souffrance et nos émotions.

Sur le chemin spirituel, nous avons tous besoin du support et de la base justes qui proviennent de la véritable connaissance des enseignements ; l'on ne saurait trop insister sur ce point. Car plus nous étudierons et pratiquerons, plus le discernement, la clarté et la vision profonde s'intégreront en nous. Ainsi, lorsque la vérité viendra frapper à notre porte, nous la reconnaîtrons avec certitude et lui ouvrirons avec joie, car nous aurons deviné qu'elle pourrait bien être la vérité de ce que nous sommes réellement.

9 novembre

La méditation consiste à ramener l'esprit en lui-même, ce qui est tout d'abord accompli par la pratique de l'attention.

Un jour, une vieille femme vint voir le Bouddha pour lui demander comment méditer. Il lui conseilla de demeurer attentive à chaque mouvement de ses mains tandis qu'elle tirait l'eau du puits. Il savait qu'elle atteindrait ainsi rapidement l'état de calme vigilant et spacieux qu'est la méditation.

10 novembre

Eveiller en nous le pouvoir de la compassion n'est pas toujours chose facile. Je trouve que les moyens les plus simples sont les meilleurs et les plus directs. Chaque jour, la vie vous offre d'innombrables occasions d'ouvrir votre cœur : c'est à vous de les saisir. Une vieille femme passe près de vous, l'air triste et solitaire, avec deux lourds sacs en plastique chargés de provisions qu'elle peut à peine porter. Allumez la télévision : les informations vous montreront peut-être une mère à Beyrouth, agenouillée auprès du corps de son fils assassiné ; ou une grand-mère à Moscou montrant du doigt la maigre soupe qui sera sa seule nourriture...

Chacun de ces spectacles pourrait vous ouvrir le cœur à l'immense souffrance régnant partout dans le monde. Que votre cœur s'ouvre, que l'amour et la douleur ainsi éveillés vous enrichissent. Lorsque vous sentez la compassion monter en vous, ne la repoussez pas, ne l'écartez pas d'un haussement d'épaules en essayant aussitôt de revenir à la « normale ». Ne soyez ni effrayé ni gêné par votre émotion, ne vous en laissez pas distraire, ne la laissez pas non plus se transformer en apathie. Soyez vulnérable : mettez à profit ce mouvement de compassion vif et soudain. Concentrez-vous sur lui, recueillez-vous profondément et méditez sur lui, développez-le, intensifiez-le, établissez-le en vous. Ce faisant, vous réaliserez combien vous avez été aveugle à la souffrance.

Tous les êtres souffrent, partout. Laissez votre cœur aller vers eux avec une compassion spontanée et infinie.

11 novembre

On me demande souvent : « Combien de temps dois-je méditer ? Et à quel moment ? Dois-je pratiquer vingt minutes le matin et vingt minutes le soir, ou faire plutôt plusieurs courtes sessions durant la journée ? » Certes, il est bon de méditer pendant vingt minutes, ce qui ne veut pas dire que cela constitue une limite. A ma connaissance, il n'est nulle part fait mention de vingt minutes dans les écritures. Je pense que c'est là une invention occidentale et je l'appelle la « Durée officielle de méditation en Occident ».

Ce qui importe n'est pas la durée de votre méditation, mais que votre pratique vous conduise à un certain état d'attention et de présence, où vous vous sentez un peu plus ouvert et en mesure de vous relier à votre essence. Cinq minutes de pratique assise bien éveillé valent beaucoup mieux que vingt minutes de somnolence !

12 novembre

Ainsi que l'a dit le Bouddha dans son premier enseignement, la racine de toute notre souffrance dans le samsara est *l'ignorance*. Tant que nous ne nous en sommes
pas libérés, l'ignorance peut sembler sans fin et, même
lorsque nous sommes engagés sur le chemin spirituel,
notre quête demeure voilée par elle. Toutefois, si vous
vous rappelez ceci et gardez les enseignements présents
dans votre cœur, vous développerez progressivement le
discernement nécessaire pour reconnaître les multiples
confusions de l'ignorance, et ainsi ne jamais mettre en
péril votre engagement ni perdre votre vision d'ensemble.

13 novembre

Toutes les traditions spirituelles ont insisté sur le fait que cette vie humaine est unique et présente un potentiel que, d'ordinaire, nous avons peine à seulement imaginer. Si nous ne saisissons pas l'occasion de transformation que nous offre cette vie, nous disent-elles, il se pourrait fort bien qu'un laps de temps extrêmement long ne s'écoule avant qu'une autre occasion ne se présente à nouveau.

Imaginez une tortue aveugle errant dans les profondeurs d'un océan vaste comme l'univers. A la surface de l'eau flotte un cercle de bois, poussé çà et là par les vagues. Tous les cent ans, la tortue remonte, une seule fois, à la surface. Les bouddhistes nous disent qu'il est *plus* difficile pour nous de naître en tant qu'être humain, que pour la tortue de passer par hasard sa tête dans le cercle de bois.

Même parmi ceux qui obtiennent une naissance humaine, rares sont ceux, dit-on, qui ont la bonne fortune d'entrer en contact avec les enseignements. Et ceux qui prennent véritablement ces enseignements à cœur et les concrétisent par leurs actes sont encore plus rares, aussi rares, en vérité, que « des étoiles en plein jour ».

14 novembre

Du fait de l'importance excessive que, dans notre culture, nous accordons à l'intellect, nous imaginons qu'atteindre l'éveil exige une intelligence supérieure. Au contraire, bien des formes d'agilité intellectuelle ne font que nous aveugler davantage. C'est ce qu'exprime ce proverbe tibétain : « Si vous êtes trop malin, vous risquez de passer à côté de l'essentiel. »

Comme le disait Patrul Rinpoché : « L'esprit logique semble présenter de l'intérêt mais il est, en fait, le germe de l'illusion. » On peut être obnubilé par ses propres théories et passer à côté de tout. Nous disons, au Tibet : « Les théories sont comme des pièces sur un vêtement, elles finissent un jour par tomber. »

15 novembre

Bien qu'on nous ait encouragés à croire que nous perdrions tout si nous ouvrions la main, la vie, en de multiples occasions, nous démontre le contraire. Le lâcher prise est, en effet, le chemin de la vraie liberté.

Lorsque les vagues se jettent à l'assaut du rivage, les rochers n'en sont pas endommagés. Au contraire, l'érosion les modèle en formes harmonieuses. Les changements, de même, peuvent façonner notre caractère et arrondir ce qu'il y a en nous d'anguleux. Essuyer les tempêtes du changement nous permettra d'acquérir un calme plein de douceur, mais inébranlable. Notre confiance en nous grandira et deviendra si forte que bonté et compassion commenceront naturellement à rayonner de nous pour apporter la joie aux autres.

C'est cette bonté fondamentale existant en chacun de nous qui survivra à la mort. Notre vie entière est à la fois un enseignement qui nous permet de découvrir cette puissante bonté, et un entraînement visant à la réaliser en nous-mêmes.

16 novembre

Ne prenons pas les doutes trop au sérieux. Ne les laissons pas prendre des proportions démesurées, ne devenons pas manichéens ou fanatiques à leur égard. Ce lien passionnel que notre culture nous a conditionnés à entretenir avec le doute, apprenons plutôt à le transformer peu à peu en une relation libre, pleine d'humour et de compassion. Cela signifie qu'il nous faut accorder du temps aux doutes et à nous-mêmes, afin de trouver à nos questions des réponses qui ne soient pas simplement intellectuelles ou « philosophiques » mais vivantes, réelles, authentiques et pratiques.

Les doutes ne peuvent pas être résolus instantanément mais, si nous sommes patients, un espace apparaîtra en nous au sein duquel ils pourront être soigneusement et objectivement examinés, clarifiés, dissipés et apaisés. Ce qui nous manque, dans notre culture en particulier, c'est un environnement approprié, libre de distraction, riche et spacieux pour notre esprit. Il ne peut être créé que par une pratique assidue de la méditation, et c'est dans cette atmosphère que nos aperçus de la sagesse auront la possibilité de croître et d'arriver peu à peu à maturité.

17 novembre

« La naissance d'un homme est la naissance de sa douleur. Plus il vit longtemps et plus il devient stupide, parce que son angoisse d'éviter une mort inévitable s'intensifie sans relâche. Quelle amertume ! Il vit pour ce qui est toujours hors de portée ! Sa soif de survie dans le futur le rend incapable de vivre dans le présent. »

CHUANG TZU.

18 novembre

Ceux qui ont vécu l'expérience de proximité de la mort ont signalé un éventail saisissant de répercussions et de changements. Une femme raconte :

> « Ce qui a émergé lentement, c'était un sens renforcé de l'amour, la possibilité de communiquer cet amour, la capacité de recevoir de la joie et du plaisir de ce qui m'entourait, même des choses les plus infimes et les plus insignifiantes... une grande compassion est née en moi envers ceux qui étaient malades et affrontaient la mort ; je voulais tant leur faire savoir, leur faire comprendre, que le processus de la mort n'est rien de plus qu'un prolongement de la vie. »

19 novembre

Lorsque nous avons prié, désiré, recherché ardemment la vérité durant de nombreuses vies, lorsque notre karma a été suffisamment purifié, se produit alors une sorte de miracle. Et ce miracle, si nous savons le comprendre et l'utiliser, peut mettre fin à jamais à l'ignorance : le maître intérieur, qui a toujours été avec nous, se manifeste sous la forme du « maître extérieur » que nous rencontrons alors, presque comme par magie, dans la réalité. Il n'est pas, dans une vie, de rencontre plus importante.

20 novembre

Le corps est étendu sur un lit pour la dernière fois,
Des voix murmurent des paroles d'adieu,
L'esprit regarde passer un ultime souvenir :
Quand cette scène finale se jouera-t-elle pour vous ?

LE VIIe DALAÏ-LAMA.

21 novembre

Le karma signifie que tout ce que nous faisons au moyen de notre corps, notre parole et notre esprit entraîne un résultat correspondant. Chaque action, même la plus insignifiante, porte en elle-même ses conséquences. Les maîtres font remarquer qu'une dose infime de poison suffit à causer la mort, et qu'une graine minuscule peut devenir un arbre immense. Et le Bouddha disait : « Ne jugez pas à la légère une action négative sous prétexte qu'elle est de peu d'importance ; même une toute petite étincelle peut embraser une meule de foin de la taille d'une montagne. »

Il disait également : « Ne méprisez pas d'infimes actions positives en pensant : "cela n'a aucune conséquence" ; des gouttes d'eau, même minuscules, finissent en effet par remplir un récipient énorme. »

Le karma ne se désagrège pas comme les objets matériels, il ne devient jamais inactif. Il ne peut être détruit « ni par le temps, ni par le feu, ni par l'eau ». Son pouvoir ne saurait disparaître tant qu'il n'aura pas mûri.

22 novembre

O amour, ô amour pur et profond, sois ici, sois maintenant,
Sois tout ; les mondes se dissolvent dans ta splendeur immaculée et infinie,
Tu fais briller de frêles feuilles vivantes d'un éclat plus grand que les froides étoiles :
Fais de moi ton serviteur, ton souffle, ton âme.

RÛMÎ.

23 novembre

Le Bouddha nous exhorte à un autre type de doute, comme « lorsqu'on analyse l'or en le chauffant, l'entaillant et le frottant afin d'en tester la pureté ». Mais nous ne possédons ni le discernement, ni le courage, ni l'entraînement nécessaires pour cette forme de doute qui, si nous la suivions jusqu'au bout, nous exposerait réellement à la vérité. Notre éducation nous a habitués à un esprit de contradiction si stérile que nous sommes incapables d'une ouverture réelle à une vérité plus vaste, susceptible de nous ennoblir.

Je vous demanderai de remplacer le doute nihiliste de notre époque par ce que j'appelle un « doute noble », cette sorte de doute qui fait partie intégrante du chemin vers l'éveil. Menacé d'extinction, notre monde ne peut se permettre de bannir la vérité immense des enseignements mystiques qui nous ont été transmis. Au lieu de mettre en doute *ces enseignements*, pourquoi ne pas prendre conscience de notre ignorance et douter de nous-mêmes, de notre conviction d'avoir déjà tout compris, de notre attachement et de nos faux-fuyants ? Pourquoi ne pas remettre en cause notre passion pour de prétendues explications de la réalité qui n'évoquent en rien la sagesse majestueuse et universelle que les maîtres, ces messagers de la Réalité, nous ont révélée ?

24 novembre

Nous pouvons dire, et même être à demi convaincus, que la compassion est merveilleuse mais, dans les faits, elle demeure profondément absente de nos actions, qui causent, à nous-mêmes comme à autrui, presque uniquement frustration et détresse au lieu du bonheur dont nous sommes tous en quête.

N'est-il pas absurde par conséquent que nous souhaitions tous le bonheur, mais que la majorité de nos actions et de nos émotions nous en écarte directement ?

Quelle est notre idée du bonheur ? Un égoïsme rusé, narcissique, ingénieux, un protectionnisme de l'ego qui peuvent parfois, nous le savons tous, nous rendre extrêmement durs. En fait, c'est exactement l'opposé qui est vrai : examinés attentivement, fixation égocentrique et amour de soi immodéré se révèlent être la racine même de tout le mal que nous infligeons, tant aux autres qu'à nous-mêmes.

25 novembre

Certaines personnes pensent que, lorsqu'elles méditent, elles ne devraient avoir aucune pensée, aucune émotion. Si pensées ou émotions se manifestent, cela les contrarie, les fâche contre elles-mêmes et les persuade qu'elles ont échoué. Rien n'est moins vrai. Ainsi que le dit un proverbe tibétain : « C'est beaucoup demander que de vouloir de la viande sans os et du thé sans feuilles. » Tant que vous aurez un esprit, des pensées et des émotions s'élèveront.

26 novembre

Enfermés dans la cage sombre et exiguë que nous nous sommes fabriquée et que nous prenons pour la totalité de l'univers, rares sont ceux d'entre nous qui peuvent seulement imaginer qu'il existe une autre dimension de l'esprit. Patrul Rinpoché raconte l'histoire d'une vieille grenouille qui avait passé sa vie entière dans un puits humide et froid. Un jour, une grenouille qui venait de la mer lui rendit visite.

« D'où viens-tu ? demanda la grenouille du puits.

– Du grand océan, répondit la grenouille de la mer.

– Il est grand comment, ton océan ?

– Il est gigantesque.

– Tu veux dire à peu près le quart de mon puits ?

– Plus grand.

– Plus grand ? Tu veux dire la moitié ?

– Non, encore plus grand.

– Est-il... aussi grand que ce puits ?

– C'est sans comparaison.

– C'est impossible ! Il faut que je voie ça de mes propres yeux ! »

Elles se mirent toutes deux en route. Quand la grenouille du puits vit l'océan, ce fut un tel choc que sa tête éclata.

27 novembre

Quel que soit notre mode de vie, notre nature de bouddha demeure toujours présente – et toujours parfaite. Nous disons que même les bouddhas, dans leur infinie sagesse, ne peuvent l'améliorer et que les êtres sensibles, dans leur confusion apparemment illimitée, ne peuvent la dégrader.

On pourrait comparer notre vraie nature au ciel et la confusion de notre esprit ordinaire aux nuages. Certains jours, le ciel est complètement voilé et, du sol, en levant les yeux, il est difficile d'imaginer là-haut autre chose que des nuages. Pourtant, il suffit de se trouver dans un avion en vol pour découvrir qu'il existe, au-dessus d'eux, un ciel pur et illimité. Ces nuages, qui nous avaient semblé occuper tout l'espace, apparaissent alors bien petits et bien lointains.

Efforçons-nous de garder toujours présent à l'esprit que les nuages ne sont pas le ciel et ne lui « appartiennent » pas. Ils flottent et passent là-haut, d'une façon fortuite et légèrement ridicule. En aucune manière, ils ne peuvent tacher le ciel ou y laisser leur empreinte.

28 novembre

« L'*action* consiste à être véritablement attentif à vos pensées, bonnes ou mauvaises, à examiner la nature véritable de toute pensée qui s'élève, sans remonter au passé ni solliciter le futur, sans vous permettre de vous attacher aux expériences de joie ni d'être abattu par les situations tristes. Par là même, vous essayez d'atteindre l'état de grand équilibre et d'y demeurer ; là, bien et mal, paix et détresse, sont dénués d'identité véritable. »

DUDJOM RINPOCHÉ.

29 novembre

Vous pouvez vous représenter la nature de l'esprit comme un miroir doté de cinq pouvoirs ou « sagesses ». Son ouverture et son immensité sont « la sagesse de l'espace qui embrasse tout », le sein de la compassion. Sa capacité à réfléchir avec précision tout ce qui se présente à lui est « la sagesse semblable au miroir ». Son absence fondamentale de parti pris vis-à-vis de toutes les impressions est « la sagesse de l'égalité ». Son aptitude à distinguer clairement, sans les confondre, les différents phénomènes qui se manifestent, est « la sagesse du discernement ». Enfin, son potentiel à inclure toute chose dans son état déjà parfait et achevé, spontanément présent, est « la sagesse qui accomplit tout ».

30 *novembre*

Pour que la méditation ait lieu, le calme et les conditions propices doivent être créés. Avant d'acquérir la maîtrise de notre esprit, il nous faut d'abord apaiser son environnement.

Pour l'instant, l'esprit ressemble à la flamme d'une bougie instable, vacillant, constamment changeant, attisé par les sautes de vent de nos pensées et nos émotions. La flamme ne brûlera régulièrement que lorsque l'air environnant sera immobile. De la même façon, nous ne pourrons entrevoir la nature de notre esprit et y demeurer qu'après avoir calmé l'agitation de nos pensées et de nos émotions. Par contre, une fois que nous aurons trouvé la stabilité dans notre méditation, les bruits et perturbations de toutes sortes nous affecteront beaucoup moins.

RAPPELEZ-VOUS LA VUE

L'esprit du débutant est un esprit ouvert, un esprit vide, un esprit disponible. Si nous écoutons avec l'esprit du débutant, nous pouvons vraiment commencer à entendre. Car si nous écoutons avec un esprit silencieux, aussi libre que possible de la clameur des idées préconçues, la vérité des enseignements pourra nous pénétrer et le sens de la vie et de la mort deviendra alors, de façon saisissante, de plus en plus limpide.

Mon maître Dilgo Khyentsé Rinpoché avait coutume de dire : « Plus vous écoutez, plus vous entendez ; plus vous entendez, plus votre compréhension s'approfondit. »

2 décembre

Si vous restez ouvert et attentif et utilisez une technique afin de centrer davantage votre esprit, votre négativité se désamorcera peu à peu. Vous commencerez à vous sentir bien en vous-même ou, comme on dit en France, « bien dans votre peau ». Vous éprouverez alors une détente et une aise profondes. Je considère cette pratique comme la forme la plus efficace de thérapie et d'auto-guérison.

3 décembre

Toute pensée ou tout acte négatif de notre vie résultent ultimement de notre *attachement à un moi erroné* et du *culte que nous vouons à ce moi*, faisant de lui l'élément préféré et privilégié de notre existence. Toutes les pensées, émotions, désirs et actions néfastes qui sont à l'origine de notre karma négatif sont engendrés par cette fixation égocentrique et cet amour de soi immodéré. Ceux-ci agissent comme un aimant sombre et puissant qui attire sur nous, vie après vie, tous les obstacles, malheurs, angoisses et désastres, et ils sont la cause racine de toutes les souffrances du samsara.

4 décembre

Il est important de se rappeler avec calme, encore et encore, que *la mort est une réalité et qu'elle vient sans prévenir.*

Ne soyez pas comme le pigeon du proverbe tibétain qui s'agite toute la nuit pour faire son nid ; lorsque l'aube paraît, il n'a pas encore trouvé le temps de dormir.

5 décembre

La réalisation de la Vue transforme, subtilement mais radicalement, votre vision de toute chose. Il m'apparaît de plus en plus évident que les pensées et les concepts sont *la seule chose* qui nous empêche de demeurer constamment dans l'absolu.

Maintenant, je comprends clairement pourquoi les maîtres disent si souvent : « Efforcez-vous de ne pas engendrer trop d'espoir ni de peur. » Cela ne fait qu'encourager le bavardage mental. Lorsque la Vue est présente, les pensées sont perçues pour ce qu'elles sont véritablement : fugaces, transparentes, et seulement relatives. Vous voyez directement à travers toute chose, comme si vos yeux étaient des rayons X. Vous ne vous attachez plus aux pensées ni aux émotions, vous ne les rejetez pas non plus. Vous les accueillez toutes au sein de la vaste étendue de Rigpa. Ce que vous preniez tellement au sérieux jusqu'alors – ambitions, projets, espoirs, doutes et passions – tout cela n'a plus sur vous d'emprise profonde et angoissante, car la Vue vous a aidé à en percevoir la futilité et la vanité, et a suscité en vous un esprit de renoncement authentique.

La dévotion est le moyen le plus pur, le plus rapide et le plus simple pour réaliser la nature de notre esprit et de toutes choses. A mesure que cette dévotion grandit, se révèle en même temps la remarquable interdépendance de ce processus : de notre côté, nous essayons de générer continuellement la dévotion ; celle-ci, éveillée, génère à son tour des aperçus de la nature de l'esprit, et ces aperçus ne font que rehausser et approfondir notre dévotion envers le maître qui est notre inspiration. Ainsi, finalement, la dévotion jaillit de la sagesse : la dévotion et l'expérience vivante de la nature de l'esprit deviennent inséparables et s'inspirent mutuellement.

7 décembre

Notre vie est-elle autre chose que ce ballet de formes éphémères ? Tout ne change-t-il pas continuellement ? Toutes nos actions passées ne nous apparaissent-elles pas aujourd'hui comme un rêve ? Les amis avec lesquels nous avons grandi, les lieux de notre enfance, les points de vue et opinions que nous défendions autrefois avec tant d'opiniâtreté : tout cela, nous l'avons laissé derrière nous. Maintenant, à cet instant, lire ce livre vous semble tout à fait réel. Pourtant, même cette page ne sera bientôt plus qu'un souvenir.

8 décembre

Quand vous pratiquez la méditation, plutôt que d'« observer » la respiration, identifiez-vous graduellement à elle,
comme si vous deveniez le souffle. Peu à peu, la respiration, celui qui respire et l'acte de respirer deviendront un.
La dualité et la séparation s'évanouiront.

Vous découvrirez que ce procédé d'attention très simple filtre vos pensées et vos émotions. Alors, comme si
vous vous dépouilliez d'une vieille peau, quelque chose
se détachera de vous et se libérera.

9 *décembre*

Asseyez-vous tranquillement. Du fond du cœur, invo-
quez, dans l'espace devant vous, l'incarnation de la vérité
en la personne de votre maître, d'un saint ou d'un être
éveillé.

Essayez de visualiser le maître, ou le bouddha, vivant
et aussi rayonnant et transparent qu'un arc-en-ciel.

Si vous éprouvez des difficultés à visualiser le maître,
imaginez cette incarnation de la vérité simplement comme
un être de lumière, ou bien essayez de ressentir sa présence parfaite là, dans le ciel devant vous. Que l'inspiration, la joie et le respect sacré que vous éprouverez alors
soient votre visualisation. Mon maître Dudjom Rinpoché avait coutume de dire que ce n'est pas important si
vous ne parvenez pas à visualiser. Ce qui importe, c'est
de ressentir la présence dans votre cœur et de savoir que
cette présence personnifie les bénédictions, la compassion, l'énergie et la sagesse de tous les bouddhas.

Avec une dévotion profonde, laissez votre esprit se
fondre dans celui du maître et reposez-vous dans son
esprit de sagesse.

10 décembre

La vie, nous a enseigné le Bouddha, est aussi brève qu'un éclair dans le ciel. Pourtant, Wordsworth écrivait : « Le monde a trop d'emprise sur nous : nous acquérons et nous dépensons, galvaudant ainsi notre potentiel. » L'erreur la plus déchirante de l'humanité est peut-être ce gaspillage de notre potentiel, cette trahison de notre essence, cette négligence de l'opportunité miraculeuse que nous offre la vie – le bardo naturel – de connaître et d'incarner notre nature d'éveil. Les maîtres nous recommandent, en essence, de cesser de nous leurrer : qu'aurons-nous appris si, au moment de la mort, nous ne savons pas réellement qui nous sommes ?

11 décembre

Nous ne devons jamais oublier que c'est au travers de nos actes, de nos paroles et de nos pensées que nous avons un choix. Et si nous le décidons, nous pouvons mettre un terme à la souffrance et aux causes de la souffrance, et permettre ainsi à notre potentiel véritable – notre nature de bouddha – de se manifester. Tant que cette nature de bouddha n'est pas pleinement révélée, tant que nous ne sommes pas libérés de l'ignorance et unis à l'esprit immortel éveillé, la ronde des vies et des morts ne peut cesser. Les enseignements nous le disent : si nous n'assumons pas la pleine et entière responsabilité de nous-mêmes dès à présent et dans cette existence, notre souffrance se prolongera non seulement dans quelques vies, mais dans des milliers d'autres.

C'est à la lumière de cette perspective que les bouddhistes considèrent les existences futures comme plus importantes que la vie présente ; ils savent, en effet, que beaucoup d'autres nous attendent. Cette vision à long terme régit leur vie. Sacrifier l'éternité entière pour cette existence équivaudrait, à leurs yeux, à dépenser les économies de toute une vie pour s'offrir une seule fois à boire, en faisant la folie d'en ignorer les conséquences.

12 décembre

Il se peut que les Occidentaux soient surpris d'apprendre qu'il y eut tant d'incarnations au Tibet, et que la majorité d'entre elles furent de très grands maîtres, érudits, écrivains, mystiques et saints qui apportèrent une contribution exceptionnelle à la fois à la société et à l'enseignement du bouddhisme. Ils jouèrent un rôle crucial dans l'histoire du Tibet.

Je suis convaincu que ce processus d'incarnation n'est pas limité au Tibet, mais qu'il s'est produit dans tous les pays et à toutes les époques. Tout au long de l'histoire sont apparues de grandes figures douées de génie artistique, de force spirituelle et de vision altruiste, qui ont aidé l'humanité à progresser. Je pense par exemple à Gandhi, à Einstein, à Abraham Lincoln, à Mère Teresa, à Shakespeare, à saint François, à Beethoven, à Michel-Ange.

Quand les Tibétains entendent parler de tels personnages, ils déclarent immédiatement que ce sont des bodhisattvas. Chaque fois que l'on évoque leur personne, leur œuvre et leur vision, je suis ému par la majesté de ce vaste processus d'évolution au sein duquel des bouddhas et des maîtres apparaissent, afin de libérer les êtres et de rendre le monde meilleur.

13 décembre

Le doute n'est pas une maladie, mais seulement un symptôme de l'absence de ce que, dans notre tradition, nous appelons « la Vue » – c'est-à-dire la réalisation de la nature de l'esprit, et donc de la nature de la réalité. Lorsque cette Vue est totalement présente, il n'y a plus de place pour le moindre doute car nous regardons alors la réalité avec ses propres yeux. Mais tant que nous n'avons pas atteint l'éveil, il est inévitable de douter car le doute est une activité fondamentale de l'esprit non éveillé. *La seule façon d'en venir à bout est de ne pas le réprimer ni l'encourager.*

14 décembre

Réaliser ce que j'appelle la sagesse de la compassion, c'est voir avec une totale lucidité ses bienfaits, mais c'est voir aussi le tort que nous a causé son contraire. Il nous faut distinguer très exactement quel est *l'intérêt de l'ego* et quel est *notre intérêt ultime* ; c'est de la confusion entre les deux que naît toute notre souffrance.

La fixation égocentrique conduit à chérir sa propre personne, ce qui en retour crée une aversion invétérée envers le malheur et la souffrance. Cependant, malheur et souffrance n'ont pas d'existence objective ; c'est uniquement notre aversion à leur égard qui leur donne existence et pouvoir. Lorsque vous comprendrez ceci, vous réaliserez que c'est en fait notre aversion qui attire sur nous toute l'adversité et les obstacles dont nous pouvons faire l'expérience et qui emplit notre vie d'anxiété nerveuse, d'attentes et de peurs.

Epuisez cette aversion en épuisant l'esprit égocentrique et son attachement à un soi non existant ; vous épuiserez ainsi toute l'emprise que peuvent avoir sur vous obstacles et adversité. Comment peut-on, en effet, attaquer quelqu'un ou quelque chose qui n'est tout simplement pas là ?

15 décembre

Chaque fois que nous commençons notre pratique de la méditation, nous sommes touchés par la prise de conscience que la nature de bouddha est notre essence la plus secrète, ainsi que celle de tous les êtres sensibles. Cette réalisation nous libère de l'ignorance et met un point final à la souffrance.

Nous sommes inspirés par la motivation de dédier notre pratique et notre vie à l'éveil de tous les êtres, dans l'esprit de cette prière que tous les bouddhas du passé ont formulée :

Par le pouvoir et la vérité de cette pratique,
Puissent tous les êtres obtenir le bonheur et les causes du bonheur ;
Puissent-ils être libres de la douleur et des causes de la douleur ;
Puissent-ils ne jamais être séparés du bonheur sacré qui est sans douleur ;
Puissent-ils demeurer dans l'équanimité, sans trop d'attachement ni trop d'aversion,
Et vivre en croyant en l'égalité de tous les êtres.

16 décembre

Je pense souvent aux grands maîtres et j'imagine les êtres qui, comme eux, possèdent cette profondeur de réalisation, semblables à de superbes aigles des montagnes, s'élevant au-dessus de la vie et de la mort et les percevant toutes deux pour ce qu'elles sont, dans leur mystérieuse et complexe interrelation.

Avoir le regard de l'aigle des montagnes – la Vue de la réalisation – c'est voir au-dessous de soi un paysage où les frontières que nous imaginions exister entre la vie et la mort se confondent et se dissipent. Le physicien David Bohm a décrit la réalité comme « une plénitude indivise en mouvement de flux ».

Ce que les maîtres voient, ce qu'ils perçoivent de façon directe et avec une compréhension totale, est donc ce mouvement de flux et cette plénitude indivise. Ce que, dans notre ignorance, nous appelons « vie » et ce que, dans notre ignorance, nous appelons « mort » ne sont que les aspects différents de cette plénitude et de ce mouvement.

17 décembre

Quand, par la discipline, vous aurez appris à simplifier votre vie, et que vous aurez pratiqué la vigilance de la méditation et relâché, grâce à elle, l'emprise qu'ont sur vous agressivité, possessivité et négativité, alors pourra s'élever lentement la sagesse de la vue profonde. Dans la clarté révélatrice de sa lumière, les rouages les plus subtils de votre esprit et la nature de la réalité vous seront dévoilés distinctement et sans détours.

18 décembre

Au siècle dernier, un grand maître avait un disciple particulièrement obtus. A maintes reprises, le maître lui avait donné l'enseignement, essayant de l'introduire à la nature de son esprit, mais c'était peine perdue. A la fin, il se mit en colère et lui dit : « Ecoute-moi, je veux que tu portes ce sac d'orge jusqu'au sommet de la montagne là-bas, mais tu ne dois pas t'arrêter pour prendre le moindre repos. Marche sans cesse jusqu'à ce que tu atteignes le sommet. »

Le disciple était un homme simple mais il éprouvait envers son maître une dévotion et une confiance inébranlables : il fit exactement ce que celui-ci lui avait dit. Le sac était lourd et il lui fallut longtemps pour atteindre le sommet.

Quand enfin il y parvint, il laissa tomber sa charge. Il s'écroula à terre, épuisé de fatigue mais profondément détendu. Toutes ses résistances s'évanouirent et, avec elles, son esprit ordinaire. A cet instant précis, il réalisa soudain la nature de son esprit. Il descendit la montagne en courant et, laissant là les convenances, fit irruption dans la chambre de son maître :

« Je crois que j'ai compris maintenant... J'ai vraiment compris ! »

Son maître lui sourit d'un air entendu : « Alors, tu n'as pas perdu ton temps en escaladant la montagne, me semble-t-il ? »

19 décembre

La pratique de l'attention, grâce à laquelle nous ramenons en lui-même l'esprit dispersé et rassemblons ainsi les différents aspects de notre être, est appelée « demeurer paisiblement ».

Les divers aspects fragmentés de nous-mêmes, qui étaient en conflit, se déposent, se dissolvent et s'harmonisent. Dans cet apaisement, nous commençons à mieux nous comprendre et il nous arrive même parfois d'avoir un aperçu de la splendeur de notre nature fondamentale.

20 décembre

Demeurer dans la clarté et la confiance de Rigpa permet à toutes vos pensées et vos émotions de se libérer naturellement et sans effort au sein de sa vaste étendue, comme si vous écriviez sur l'eau ou peigniez dans le ciel. Si vous vous appliquez à parfaire cette pratique, le karma n'aura plus aucune occasion de s'accumuler. Dans cet état d'abandon dénué d'ambition et d'inquiétude, et décrit par Dudjom Rinpoché comme « un état d'aise nu, sans inhibition », la loi karmique de cause à effet ne pourra plus vous enchaîner en aucune manière.

21 décembre

Apprendre à mourir, c'est apprendre à vivre ; apprendre à vivre, c'est apprendre à agir, non seulement dans cette existence, mais dans celles à venir. Se transformer réellement soi-même et apprendre à renaître transformé pour venir en aide à autrui constituent, en fait, la façon la plus puissante d'aider le monde.

Osons imaginer à présent à quoi ressemblerait la vie dans un monde où un grand nombre d'individus saisiraient l'opportunité offerte par les enseignements de consacrer une partie de leur existence à une pratique spirituelle sérieuse, de reconnaître la nature de leur esprit et de mettre ainsi à profit l'opportunité que représente leur mort, pour s'approcher de la bouddhéité et renaître dans l'unique but de servir les autres et de leur être bénéfique.

Comment est-il possible que l'étudiant soit introduit à l'esprit de sagesse des bouddhas ? Imaginez la nature de l'esprit semblable à votre propre visage ; il ne vous quitte jamais, mais sans aide extérieure vous ne pouvez le voir. Supposez maintenant que vous n'ayez jamais vu de miroir. Soudain, on vous en tend un dans lequel vous voyez, pour la première fois, le reflet de votre visage : telle est l'introduction accomplie par le maître.

De même que votre visage, la pure conscience de Rigpa n'est pas quelque chose de « nouveau » que vous ne possédiez pas auparavant et que le maître vous donne. Ce n'est pas non plus quelque chose que vous puissiez trouver en dehors de vous. Cette conscience a toujours été vôtre, elle a toujours été présente en vous mais, jusqu'à cet instant saisissant, vous ne l'aviez jamais vue directement.

23 décembre

En Occident, les gens ont tendance à être absorbés par ce que j'appellerais la « technologie de la méditation ». Le monde moderne, il est vrai, est fasciné par les techniques et les machines, et il est accoutumé à des réponses rapides, purement pragmatiques. Toutefois c'est l'esprit, et non la technique, qui est de loin l'aspect le plus important de la méditation : c'est l'habileté, l'inspiration et la créativité que nous mettons dans notre pratique, et que l'on pourrait également appeler la « posture ».

Les maîtres disent : « Si vous créez des conditions favorables dans votre corps et votre environnement, la méditation et la réalisation s'élèveront automatiquement. » Parler de la posture n'est pas une pédanterie ésotérique. Tout l'intérêt d'une position correcte, c'est de créer un environnement particulièrement inspirant pour la méditation et pour l'éveil de Rigpa.

Un rapport existe entre la position du corps et l'attitude de l'esprit. Le corps et l'esprit sont reliés et la méditation s'élève naturellement lorsque votre posture et votre attitude sont inspirés.

24 décembre

Au début du siècle vivait au Tibet un maître du nom de Mipham. C'était une sorte de Léonard de Vinci de l'Himalaya et l'on dit de lui qu'il inventa une horloge, un canon et un avion. Chaque fois que l'une de ses inventions était achevée, il la détruisait en disant qu'elle ne serait qu'une source de distraction supplémentaire.

25 décembre

Tant qu'existeront l'espace
Et les êtres sensibles,
Puissé-je moi aussi demeurer
Pour abolir la misère du monde.

SHANTIDÉVA.

26 décembre

La compassion est un sentiment beaucoup plus grand et
noble que la pitié. La pitié prend ses racines dans la peur
et comporte un sentiment d'arrogance et de condescen-
dance, voire une certaine suffisance : « Heureusement,
je ne suis pas à sa place. » Comme le dit Stephen Levine :
« Lorsque votre peur rencontre la douleur d'autrui, elle
devient pitié ; lorsque c'est votre amour qui rencontre
cette douleur, il devient compassion. » S'entraîner à la
compassion, c'est se souvenir que tous les êtres humains
sont semblables et souffrent de la même façon. C'est
honorer tous ceux qui souffrent et savoir que vous n'êtes
ni distinct d'eux ni supérieur à eux.

27 décembre

De même que l'océan a des vagues et le soleil des rayons, ainsi les pensées et les émotions sont-elles le propre rayonnement de l'esprit. L'océan a des vagues ; pourtant, il n'est pas particulièrement dérangé par elles : les vagues sont la *nature même* de l'océan. Les vagues se dressent, mais où vont-elles ? Elles s'en retournent à l'océan. D'où ces vagues viennent-elles ? De l'océan.

De même, les pensées et les émotions sont le rayonnement et la manifestation de la *nature même* de l'esprit. Elles s'élèvent de l'esprit, mais où se dissolvent-elles ? Dans l'esprit. Quelle que soit la pensée ou l'émotion qui surgit, ne la percevez pas comme un problème particulier. Si vous n'y réagissez pas de façon impulsive mais demeurez simplement patient, elle se déposera à nouveau dans sa nature essentielle.

Quand vous comprenez ceci, les pensées qui s'élèvent ne peuvent qu'enrichir votre pratique. Mais tant que vous ne réalisez pas quelle est leur nature intrinsèque – le rayonnement de la nature de votre esprit – elles deviennent les germes de la confusion. Entretenez donc envers vos pensées et vos émotions une attitude bienveillante, ouverte et généreuse, car vos pensées sont en fait votre famille, la famille de votre esprit. Dudjom Rinpoché avait coutume de dire : « Soyez à leur égard comme un vieil homme sage qui regarde jouer un enfant. »

28 décembre

Il est crucial aujourd'hui qu'une perspective éclairée de la mort et de son processus soit proposée dans tous les pays du monde, et à tous les niveaux de l'éducation. Les enfants ne devraient pas être « protégés » de la mort mais introduits, dès leurs plus jeunes années, à sa vraie nature et à ce qu'elle peut leur apprendre.

Pourquoi ne pas proposer cette perspective sous ses formes les plus simples, à tous les groupes d'âge ? Tous les niveaux de la société devraient avoir accès au savoir concernant la mort, l'aide aux mourants et la nature spirituelle de la mort. Ce savoir devrait être enseigné en profondeur, et faisant preuve d'une réelle imagination, dans l'ensemble des écoles, des lycées et des universités. Il devrait avant tout être proposé dans les centres hospitaliers universitaires, aux infirmières et aux médecins qui prodiguent les soins aux mourants et ont envers eux tant de responsabilité.

29 décembre

Où réside précisément notre nature de bouddha ? Elle demeure dans la nature semblable au ciel de notre esprit. Totalement ouverte, libre et sans limites, elle est fondamentalement si simple que rien ne peut la compliquer, si naturelle qu'elle ne peut être corrompue ni souillée, si pure qu'elle est au-delà du concept même de pureté et d'impureté.

Comparer cette nature de l'esprit au ciel n'est, bien entendu, qu'une métaphore pour nous aider à imaginer son caractère illimité et universel ; la nature de bouddha possède en effet une qualité que n'a pas le ciel, celle de la clarté radieuse de la conscience pure.

Il est dit : « Elle est simplement notre conscience claire, parfaite, de l'instant présent, cognitive et vide, nue et éveillée. »

30 décembre

« Une fois que vous aurez réalisé la Vue, bien que les perceptions trompeuses du samsara puissent encore s'élever dans votre esprit, vous serez semblable au ciel : quand un arc-en-ciel apparaît, le ciel n'est pas particulièrement flatté, et lorsque des nuages surviennent, il n'est pas particulièrement déçu. Vous éprouverez un profond sentiment de contentement. Vous exulterez en votre for intérieur en voyant que le samsara et le nirvana ne sont qu'une façade ; la Vue inspirera constamment gaieté et humour, et un léger sourire intérieur pétillera toujours en vous. »

DILGO KHYENTSÉ RINPOCHÉ.

31 décembre

« Ils vont, ils viennent, ils trottent, ils dansent, de mort nulles nouvelles. Tout cela est beau. Mais aussi quand elle arrive, ou à eux, ou à leurs femmes, enfants et amis, les surprenant à l'improviste et sans défense, quels tourments, quels cris, quelle rage, et quel désespoir les accable !...

« Pour commencer à luy oster son plus grand avantage contre nous, prenons voye toute contraire à la commune. Ostons luy l'estrangeté, pratiquons-la, accoustumons-la, n'ayant rien si souvent en la teste que la mort... Il est incertain où la mort nous attende, attendons-la partout.

« *La préméditation de la mort est préméditation de la liberté... Le savoir mourir nous affranchit de toute subjection et contrainte.* »

MONTAIGNE.

MES MAÎTRES

JAMYANG KHYENTSÉ CHÖKYI LODRÖ

DUDJOM RINPOCHÉ

PHOTO : FREDERIK LEBOYER

DILGO KHYENTSÉ RINPOCHÉ
AVEC SOGYAL RINPOCHÉ

PHOTO : HEIKO RAH

NYOSHUL KHEN RINPOCHÉ

PHOTO : PHILIPPE LELLUCH

KHANDRO TSERING CHÖDRÖN

Sogyal Rinpoché est né au Tibet, où l'un des plus grands maîtres spirituels de ce siècle, Jamyang Khyentsé Chökyi Lodrö, l'éleva comme son propre fils. Dès son plus jeune âge, Sogyal Rinpoché s'épanouit dans l'intimité chaleureuse de ce maître extraordinaire, et il s'imprégna profondément de l'atmosphère de sagesse, de compassion et de dévotion qui l'entourait. Grâce à cette expérience personnelle, Sogyal Rinpoché développa une compréhension profonde de l'essence des enseignements bouddhistes. Celle-ci, alliée à la formation traditionnelle qu'il reçut en tant qu'incarnation reconnue, le prépara à son futur rôle de maître.

Après la mort de Jamyang Khyentsé, Sogyal Rinpoché continua à étudier avec ses deux autres maîtres principaux, Dudjom Rinpoché et Dilgo Khyentsé Rinpoché, qui furent l'inspiration majeure de son travail en Occident. En 1971, il se rendit en Angleterre et y étudia les religions comparées à l'Université de Cambridge. Il commença à enseigner en 1974. Depuis lors il est de plus en plus sollicité et enseigne régulièrement en Europe de l'Ouest et de l'Est, aux Etats-Unis, en Australie et en Asie.

Sogyal Rinpoché considère que l'œuvre de sa vie est de transplanter l'enseignement du Bouddha en Occident, en proposant un entraînement qui correspond à la vision exposée dans *Le Livre Tibétain de la Vie et de la Mort*. Cette formation peut permettre à ceux qui la suivent de comprendre, de personnifier et d'intégrer les enseignements dans leur vie quotidienne, et d'apporter ainsi aux autres, et au monde, les plus grands bienfaits. Rinpoché possède un don de communication que peu de maîtres égalent, et les quelque vingt années passées en Occident lui ont permis d'acquérir une profonde compréhension de la mentalité occidentale. Il est renommé pour la chaleur, l'humour et la clarté grâce auxquelles il dépasse les frontières religieuses, culturelles et psychologiques pour révéler l'essence de la vision du Bouddha. En faisant part de ses expériences personnelles et en citant des exemples significatifs tirés de l'existence quotidienne, il sait donner vie aux enseignements, nous transmettre leur saveur et leur vérité profonde, tout en les reliant directement à notre expérience individuelle.

Sogyal Rinpoché incarne l'énergie dynamique, la générosité d'esprit et la communication directe qui caractérisent l'extraordinaire tradition Dzogchen à laquelle il appartient.

_____

Rigpa est le nom donné par Sogyal Rinpoché au réseau unique de centres et de groupes d'étudiants qui, de par le monde, suivent les enseignements du Bouddha sous sa direction. Ils ont pour perspective et pour but de mettre les enseignements bouddhistes à la disposition du plus grand nombre, indépendamment des distinctions de race, couleur ou croyance, et de créer un environnement de soutien et d'inspiration qui encourage l'étude et la pratique de ces enseignements.

Afin de répondre à la vague immense d'intérêt pour le travail de Sogyal Rinpoché et pour *Le Livre Tibétain de la Vie et de la Mort*, Rigpa édite une publication périodique qui informe les lecteurs du présent ouvrage des enseignements, des nouvelles et des événements qui lui sont reliés. Une série de formations basées sur ce livre sont actuellement développées dans le cadre d'un programme qui propose une aide spirituelle pour les vivants et les mourants ; un réseau ayant pour but d'échanger idées et ressources a déjà été créé à l'intention des soignants. Ce programme explorera des possibilités de développer des services de soutien spirituel, de créer des centres de soins palliatifs bouddhistes, d'envisager de nouvelles approches de la santé et un soutien psycho-spirituel.

Dans divers pays du monde entier, Rigpa possède des centres citadins qui proposent des cours réguliers sur la méditation, la compassion et tous les aspects de la sagesse bouddhiste pour le monde contemporain. Rigpa a joué un rôle majeur dans la présentation en Occident des plus éminents maîtres bouddhistes de toutes les traditions, notamment de Sa Sainteté le Dalaï-Lama. Le Centre international Rigpa de Londres explore, parallèlement aux enseignements bouddhistes, différentes approches contemporaines qui vont de la psychothérapie et des techniques de guérison, en passant par les arts et les sciences, à l'étude de la mort et à l'accompagnement des mourants.

L'un des plus graves problèmes auxquels sont confrontés les gens dans le monde moderne est le manque d'une éducation spirituelle complète, et le manque d'un environnement spirituel au sein duquel il serait possible d'expérimenter pleinement la vérité des enseignements, et de les intégrer dans la vie quotidienne. Un aspect fondamental du programme de Rigpa est par conséquent l'entraînement intensif sous la direction de Sogyal Rinpoché dans le cadre de retraites qui peuvent durer jusqu'à trois mois. Ces retraites ont lieu chaque année en Europe, aux Etats-Unis et en Australie. Rinpoché a fondé des centres de retraite à la campagne en France et en Irlande.

Rigpa soutient également l'œuvre de nombreux grands maîtres en Asie et parraine le monastère Dzogchen et sa reconstruction à Kollegal, Mysore, en Inde du Sud.

Pour tout détail concernant le programme d'enseignement de Sogyal Rinpoché et les cours proposés par le centre Rigpa, pour toute information sur des sujets traités dans ce livre, toute commande de cassettes audio de l'enseignement de Sogyal Rinpoché ou toute précision quant à la marche à suivre pour faire des offrandes à l'intention de personnes décédées, veuillez contacter les adresses suivantes :

FRANCE
Rigpa, centre national, 22, rue Burq, 75018 Paris.
Tél. : (1) 42 54 53 25. Fax : (1) 42 54 00 19.
Lerab Ling, L'Engayresque, 34650 Roqueredonde.
Tél. : 67 44 41 99. Fax : 67 44 44 20.

GRANDE-BRETAGNE
Rigpa, 330 Caledonian Road, London, N1 1BB.
Tél. : (071) 700 01 85.

ALLEMAGNE
Rigpa, Hasenheide 9, 10967 Berlin.
Tél. : (030) 694 64 33.
Rigpa, Nibelungenstr. 11, 80639 München.
Tél. : (089) 13 31 20.

PAYS-BAS
Stichting Rigpa, Sint Agniestenstraat 22, 1012EG Amsterdam.
Tél. : (20) 623 80 22.

SUISSE
Rigpa, P.O. Box 253, 8059 Zurich.
Tél. : (01) 463 15 47.

IRLANDE
Dzogchen Beara, Garranes, Allihies, West Cork.
Tél. : (027) 730 32.

ÉTATS-UNIS
Rigpa, centre national, P.O. Box 607, Berkeley. CA 95061-0607.
Tél. : (408) 454 91 13.
Rigpa, 310 Riverside Drive, # 1710, New York, NY 10025.
Tél. : (212) 222 92 89.

AUSTRALIE
Rigpa, 12/37 Nicholson Street, Balmain, Sydney, NSW 2041.
Tél. : (02) 555 99 52.

Ces pays comprennent de nombreux centres régionaux et locaux : toute information à leur sujet peut être obtenue auprès du centre national du pays. Les informations concernant la Suisse romande et la Belgique peuvent être obtenues au centre national de Rigpa en France.

Cet ouvrage a été achevé d'imprimer
par l'imprimerie SAGIM à Courtry
pour le compte des éditions de la Table Ronde
en octobre 1995

Dépôt légal : octobre 1995
N° d'édition : 2837 - N° d'impression : 1425